ΕΥΑΓΓΕΛΙΑ ΤΣΙΑΚΙΡΗ

ΚΑΘΕ ΜΕΡΑ ΜΑΜΑ!

Copyright για την ελληνική έκδοση
Ευαγγελία Τσιακίρη
© Εκδόσεις Φυλάτος, © Fylatos Publishing, Θεσσαλονίκη 2017

Συγγραφέας: Ευαγγελία Τσιακίρη

Επιτρέπεται η αναδημοσίευση τμήματος του παρόντος έργου για λόγους σχολιασμού ή κριτικής. Επιτρέπεται η αναδημοσίευση περιορισμένων τμημάτων για επιστημονικούς λόγους, με υποχρεωτική αναγραφή του τίτλου του έργου, του συγγραφέα, του εκδότη, της σελίδας που αναδημοσιεύεται και της ημερομηνίας έκδοσης. Απαγορεύεται οποιαδήποτε διασκευή, μετάφραση και εκμετάλλευση, χωρίς αναφορά στους συντελεστές του βιβλίου και γραπτή άδεια του εκδότη και του συγγραφέα σύμφωνα με το νόμο.

© Εκδόσεις Φυλάτος, © Fylatos Publishing
e-mail. contact@fylatos.com
web: www.fylatos.com
Σχεδιασμός Εξωφύλλου: © Εκδόσεις Φυλάτος
Σελιδοποίηση-Σχεδιασμός: © Εκδόσεις Φυλάτος
ISBN: 978-618-5232-56-6

ΕΥΑΓΓΕΛΙΑ ΤΣΙΑΚΙΡΗ

ΚΑΘΕ ΜΕΡΑ ΜΑΜΑ!

Εκδόσεις Φυλάτος
Fylatos Publishing
MMXVII

*Αυτό το βιβλίο το αφιερώνω
στα παιδιά μου Κώστα και Στέλλα
που μαζί τους άρχισα να μαθαίνω όσα
χρειάζεται να κάνει μια μαμά
και σε όλες τις μανούλες
που προσπαθούν και
προβληματίζονται καθημερινά
για να μεγαλώσουν τα παιδιά τους.*

Μόλις έχετε γεννήσει και πλέον είστε και επίσημα μανούλα; Πιθανότατα έχετε πελαγώσει και νομίζετε πως δε θα τα καταφέρετε, έτσι; Ηρεμήστε! Είμαι εδώ για σας, για κάθε απορία, για κάθε προβληματισμό. Για εσάς την ίδια και για το μωράκι σας!

Κάθε μαμά έχει ανάγκη από βοήθεια, είτε αυτή είναι ψυχολογική, είτε πρακτική. Σίγουρα, με μια καθοδήγηση και με μια μαγική κουβέντα και λύση όλα θα είναι πιο εύκολα.

Πληροφορίες, ιδέες, πρακτικές και έξυπνες λύσεις για όλα όσα απασχολούν μια μαμά και αφορούν το μωράκι της: το μπάνιο του, τον θηλασμό, τον ύπνο, την καθαριότητά του, το ρέψιμο, τους κολικούς του...

Ακόμα, χρήσιμες συμβουλές και λύσεις για το σπίτι, για τη μαγειρική, για την υγεία, για την ομορφιά, για τις σχέσεις, για την ψυχολογία, για τη φιλία, για τη διασκέδαση και επιπλέον, πολλές ιστορίες, παραμύθια, θεατρικά σκετς γραμμένα από εμένα...

Καλώς σας βρήκα, λοιπόν και Καλή σας Αρχή στο υπέροχο ταξίδι της μητρότητας!

ΤΑ ΜΩΡΟΥΔΙΣΤΙΚΑ

ΤΙ ΠΡΕΠΕΙ ΝΑ ΠΡΟΣΕΞΕΤΕ ΓΙΑ ΝΑ ΕΤΟΙΜΑΣΕΤΕ ΣΩΣΤΑ ΤΟ ΔΩΜΑΤΙΟ ΤΟΥ ΝΕΟΓΕΝΝΗΤΟΥ

Πρώτα απ' όλα, το δωμάτιο του βρέφους θα πρέπει να έχει καθαριστεί καλά, να μην υπάρχουν ίχνη υγρασίας ή μούχλας ενώ αν το έχετε βάψει καλό είναι να έχει περάσει ένα διάστημα τουλάχιστον δύο εβδομάδων, πριν το μωράκι σας μείνει σε αυτό.

Για τα έπιπλα προτιμήστε απαλά παστέλ χρώματα καθώς τα έντονα κουράζουν το νεογέννητο διότι στην αρχή η όραση του δεν είναι καθαρή. Μπορείτε να τα καθαρίσετε με ένα πανί βουτηγμένο σε νερό με λευκό ξύδι (3 φλυτζ. τσαγιού νερό+ 1/2 φλυτζ. τσαγιού ξύδι).

Αποφύγετε να γεμίσετε υπερβολικά τον χώρο ώστε να έχετε άνεση στις κινήσεις σας και προτιμήστε έπιπλα που θα διευκολύνουν πρώτα απ' όλα εσάς, όπως για παράδειγμα μια αλλαξιέρα όπου θα φυλάσσετε εκεί όλα τα πράγματα που χρειάζονται για την περιποίηση του μωρού σας και θα είναι στο ύψος σας, για να μην χρειάζεται να σκύβετε.

Κάθε μέρα μαμά!

ΠΩΣ ΝΑ ΕΚΠΑΙΔΕΥΣΕΤΕ ΤΟ ΜΩΡΑΚΙ ΣΑΣ ΟΤΑΝ ΕΠΙΣΤΡΕΨΕΤΕ ΣΤΟ ΣΠΙΤΙ ΜΕΤΑ ΤΗ ΓΕΝΝΑ

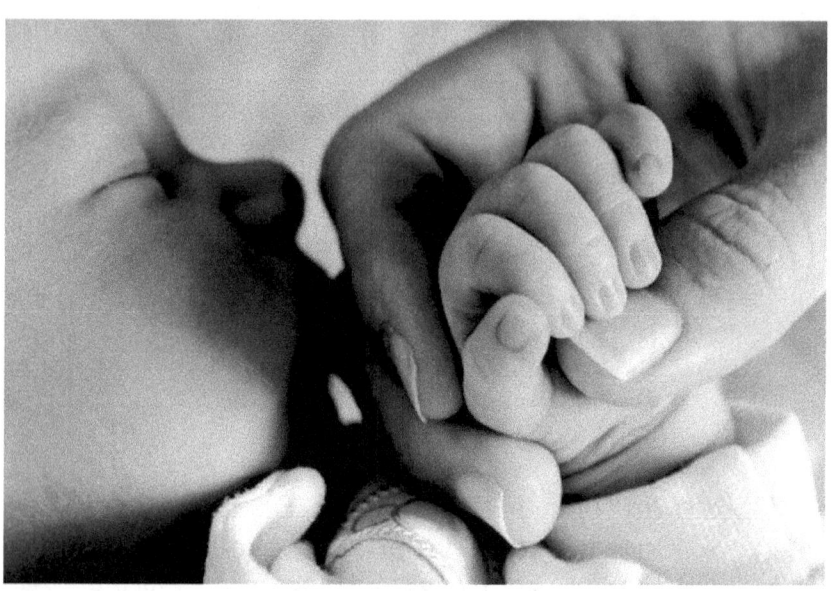

Επιτέλους, ήρθε η στιγμή που τόσον καιρό περιμένατε: Επιστροφή στο σπίτι με το μωράκι σας! Χαμογελάστε, χαρείτε, πανηγυρίστε, κρατήστε την ψυχραιμία σας και... οργανωθείτε!

Πρώτα απ' όλα, προτιμήστε να βάλετε το μωρό κατευθείαν στο δωμάτιό του και χρησιμοποιήστε τη συσκευή ενδοεπικοινωνίας για να το ακούτε. Καλό είναι βέβαια να υπάρχει ένας καναπές ή ένα κρεβάτι δίπλα στο κρεβατάκι του, έτοιμο να χρησιμοποιηθεί αν προκύψει ανάγκη.

Δε χρειάζεται να τρέχετε δίπλα του με το παραμικρό κλάμα, μπορεί να πονέσει για λίγο η κοιλίτσα του και να σταματήσει.

Την ώρα του βραδινού φαγητού, καλό είναι να έχετε έναν χαμηλό φωτισμό στο δωμάτιό του, για να μην το ξυπνάτε τελείως. Φροντίστε να έχετε έτοιμα όλα όσα θα χρειαστείτε για τον θηλασμό. Αν δε θηλάζετε και το ταΐζετε με μπιμπερό, φροντίστε να έχετε πάντα έτοιμο το νερό για το γάλα του ώστε να μην καθυστερείτε.

Όταν κοιμάται την ημέρα, δε χρειάζεται να επικρατεί απόλυτη ησυχία. Κάντε κανονικά τις δουλειές σας για να συνηθίζει στους καθημερινούς ήχους. Μπορείτε να βάλετε ακόμα και ηλεκτρική σκούπα, ξεκινώντας την σιγά σιγά και δυναμώνοντας την σταδιακά. Θα δείτε μάλιστα, ότι αντί να τρομάζει, το μωράκι σας νανουρίζεται!

Μη συνηθίζετε να το παίρνετε αγκαλιά και να το κουνάτε για να κοιμηθεί. Όσο όμορφο και αν σας φαίνεται, αργότερα θα το μετανιώσετε. Αν κλαίει πολύ, πάρτε το μια αγκαλιά, όχι όμως πάνω από 5 λεπτά και μετά ξαπλώστε το στο κρεβατάκι του. Καθίστε δίπλα του, χαϊδέψτε του την πλατούλα, βάζοντάς του να ακούει μουσική από κάποιο κουκλάκι του ή από το κασετόφωνο.

Οπλιστείτε με υπομονή και επιμονή και όλα θα πάνε καλά!

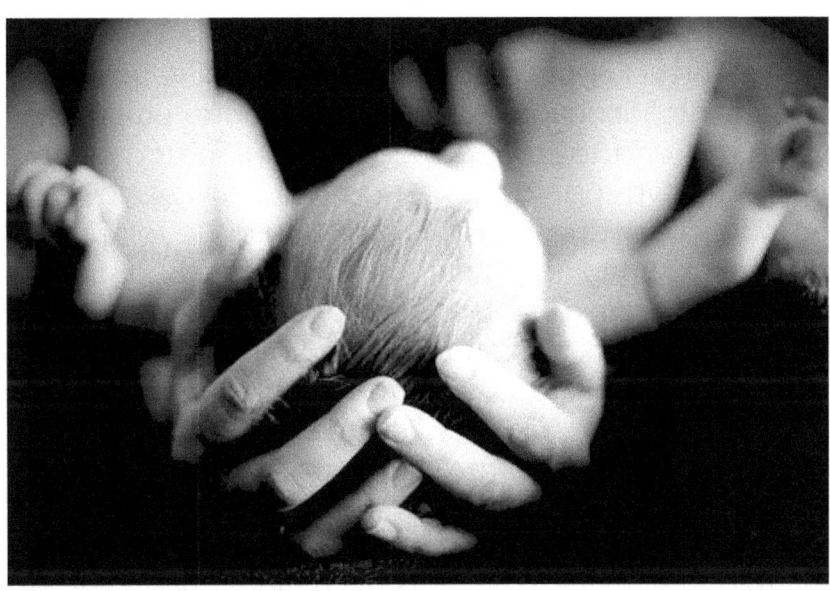

ΠΩΣ ΝΑ ΤΟΥ ΑΛΛΑΖΕΤΕ ΠΑΝΑ

Στρώστε πάνω στην αλλαξιέρα μια πετσέτα και από πάνω ένα σελτεδάκι. Ξαπλώστε εκεί το μωρό ανάσκελα. Πρέπει να υπάρχει εκεί δίπλα σας ένα λεκανάκι, ένας θερμός με χλιαρό νερό και βαμβακάκι. Αφού βγάλετε την πάνα, καθαρίστε το πρώτα με ένα μωρομάντηλο και μετά βουτήξτε το βαμβάκι στο νερό και καθαρίστε το σχολαστικά στις πτυχές που σχηματίζει το δερματάκι του.

Αφού τελειώσετε με το πλύσιμο, τραβήξτε προσεκτικά το σελτεδάκι ανασηκώνοντας ελαφρά το μωρό, πιάνοντάς το από τα ποδαράκια (από τους αστραγάλους, συγκεκριμένα με τον αντίχειρα γαντζώνετε τον ένα αστράγαλο, ανάμεσα είναι ο δείκτης και με τον μεσαίο πιάνετε τον άλλο αστράγαλο). Μετά με λίγο βαμβάκι περάστε την περιοχή με baby oil και απλώστε την κρέμα που έχετε για το σύγκαμα. Πρέπει να είστε σχολαστική γιατί το δερματάκι τους είναι πολύ ευαίσθητο.

Στα αγοράκια, για να ξεπλένεται πολύ καλά το γεννητικό τους όργανο, τραβάτε απαλά την πετσούλα προς τα κάτω, ρίχνετε με το βαμβάκι νεράκι το ξεπλένετε και ρίχνετε πάνω baby oil. Όταν του φορέσετε την πάνα κλείστε τη απαλά χωρίς να τη σφίξετε (η πίσω πλευρά σε μια πάνα είναι αυτή που έχει τα αυτοκόλλητα κλεισίματα).

ΜΗΤΡΙΚΟΣ ΘΗΛΑΣΜΟΣ

Το καλύτερο δώρο που μπορείτε να κάνετε στο νεογέννητο μωράκι σας είναι να το θηλάσετε. Το μητρικό γάλα έχει τα απαραίτητα θρεπτικά συστατικά για το μωρό σας, συστατικά που ενισχύουν το ανοσοποιητικό του.

Πρέπει να τρέφεστε σωστά για όσον καιρό θηλάζετε, ώστε να έχετε το απαραίτητο γάλα και μια επιπλέον βοήθεια μπορεί να είναι η κατανάλωση της μπύρας και των κερασιών.

Πριν αρχίσετε να θηλάζετε, αλλάξτε πάνα στο μωρό σας για να μη δυσανασχετεί, βρείτε μια θέση που να είναι αναπαυτική για εσάς και τοποθετείστε δίπλα σας ό,τι χρειάζεστε, όπως βαμβάκια για τις θηλές, μια πετσετούλα, ένα ποτήρι νερό, γιατί ο θηλασμός μάς κάνει και διψάμε, και ό,τι άλλο θεωρείτε εσείς απαραίτητο.

Για να βεβαιωθείτε ότι το μωρό σας πίνει γάλα θα πρέπει τα χειλάκια του να είναι προς τα έξω και οι κενώσεις του να είναι καθημερινές (τουλάχιστον 2 κενώσεις την ημέρα). Για να μην ξεραίνονται οι θηλές χρησιμοποιείστε βαζελίνη ή σπαθόλαδο.

Αν νιώσετε κάποιο κάψιμο στο στήθος σας μετά τον θηλασμό μη τρομάξετε, είναι φυσιολογικό και μπορείτε να ανακουφιστείτε με κρύες κομπρέσες.

ΠΩΣ ΝΑ ΘΗΛΑΣΕΤΕ

Πριν αρχίσετε να θηλάζετε, καθαρίστε τις θηλές σας και πιέστε τες ελαφρά να στάξουν λίγο γάλα. Καθίστε αναπαυτικά έχοντας στηρίξει καλά τη μέση σας μ' ένα ειδικό μαξιλαράκι. Επίσης, στηρίξτε καλά τα πόδια σας. Κρατήστε το μωρό στην αγκαλιά σας και βάλτε τη θηλή στο στόμα του προσεκτικά ώστε να μη φράξετε τα ρουθούνια του για ν' αναπνέει. Πολλές φορές, καθώς το μωρό θηλάζει, το παίρνει ο ύπνος, αγγίξτε ελαφρά τη μυτούλα του και θα ξυπνήσει. Μην ξεχνάτε το ρέψιμο, είναι πολύ σημαντικό για την πέψη.

Όσον αφορά το τάισμα με το μπιμπερό, χρησιμοποιείτε πάντα αποστειρωμένα μπουκάλια και θηλές (μέχρι τον 1ο χρόνο). Πριν ταΐσετε, ελέγξτε τη θερμοκρασία του γάλακτος δοκιμάζοντας το στη μέσα πλευρά του χεριού σας, πιο πάνω από τον καρπό. Αν είναι ανεκτό στο δέρμα σας είναι καλό. Κρατήστε το μπιμπερό με τη βαλβίδα (σχισμή) προς τα πάνω για να βγαίνει ο αέρας. Πρέπει να έχετε σηκωμένο το μπιμπερό τόσο όσο η θηλή να είναι πάντα γεμάτη με γάλα μέχρι το βιδωτό μέρος του μπουκαλιού. Αυτό το κάνουμε για να μην εισπνεύσει το μωρό αέρα και του δημιουργήσει πόνο στο στομάχι. Όταν ρουφάει καλά φαίνεται από τις φυσαλίδες που δημιουργούνται μέσα στο γάλα.

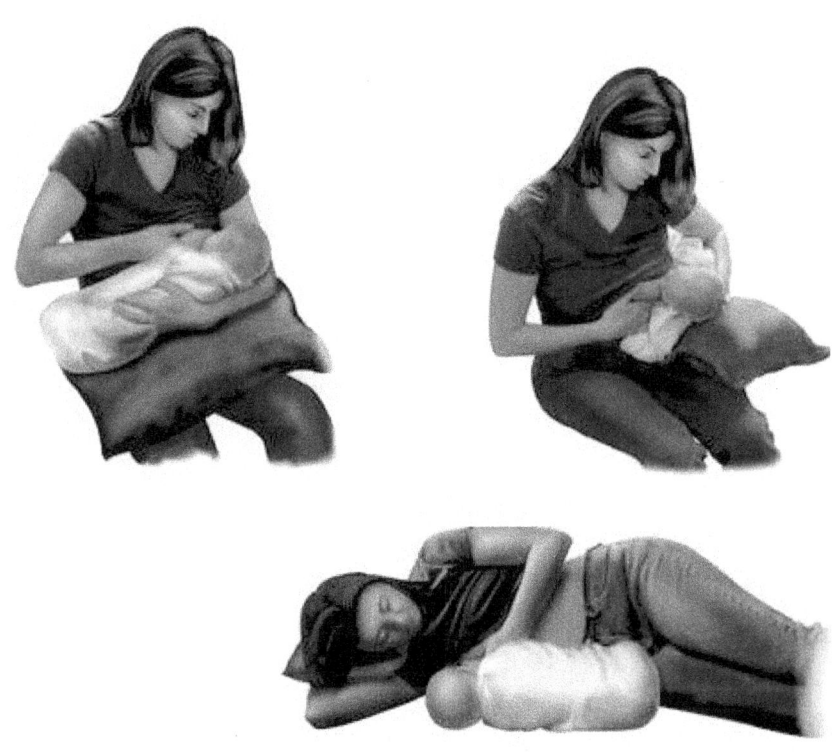

ΤΡΟΠΟΙ ΓΙΑ ΝΑ ΒΟΗΘΗΣΕΤΕ ΤΟ ΜΩΡΟ ΣΑΣ ΝΑ ΚΟΙΜΗΘΕΙ ΕΥΚΟΛΑ

Κάποια μωράκια κοιμούνται εύκολα και κάποια άλλα δυσκολεύονται περισσότερο. Τον κυριότερο ρόλο σ' αυτό τον παίζει η μητέρα ή όποιο άλλο πρόσωπο φροντίζει το μωρό. Πριν βάλετε το μωράκι σας για ύπνο μπορείτε να κάνετε τα εξής:

1. Κάντε το μπάνιο και μετά ελαφρύ μασάζ με λαδάκι (αυτό θα το ηρεμήσει και από τους κολικούς).
2. Ταΐστε το και βάλτε το να ρευτεί.
3. Αλλάξτε την πάνα αν χρειάζεται.
4. Μη το ντύνετε με πολλά ρούχα.
5. Φροντίστε η θερμοκρασία του δωματίου του να μην υπερβαίνει τους 22 βαθμούς Κελσίου.
6. Χαμηλώστε το φως στο δωμάτιό του.

Καλό είναι, όταν θέλετε να το κοιμίσετε, να μην το κουνάτε στην αγκαλιά σας, απλά ακουμπήστε το στο κρεβατάκι ανάσκελα και ελαφρώς στο πλάι χωρίς μαξιλαράκι και σκέπασμα, θα το σκεπάσετε μόλις κοιμηθεί. Μείνετε κοντά του αν γκρινιάζει, χαϊδέψτε του την πλατούλα χωρίς να του μιλάτε και να το κοιτάτε στα μάτια.

Μπορείτε αν θέλετε να κλείσετε κι εσείς τα μάτια σας, θα νανουριστεί πολύ πιο εύκολα. Σιγοψυθυρίστε του έναν σκοπό ή βάλτε του να ακούσει μια ήρεμη μελωδία. Επίσης, μπορείτε να του διαβάσετε ένα μικρό παραμυθάκι ή να γράψετε εσείς μια ιστορία με λογάκια που θέλετε να του πείτε και να του τη διαβάζετε κάθε φορά που θα το κοιμίζετε. Οι ιστορίες και τα παραμυθάκια σε cd βοηθούν πολύ και όταν μεγαλώσει το μωράκι σας (π.χ. ο μορμόλης, ο λαγός και η χελώνα κ.ά).

Φυσικά, η συσκευή ενδοεπικοινωνίας είναι απαραίτητη, ώστε να ξέρετε ότι όλα είναι εντάξει, και αν δεν είναι, να το αντιληφθείτε αμέσως.

Πολλές φορές τα νεογέννητα κλαίνε στον ύπνο τους, δε χρειάζεται να τρέχετε αμέσως κοντά τους, περιμένετε 2-3 λεπτά, μπορεί απλά να ευθύνεται ένας μικρός πόνος και να σταματήσουν γρήγορα. Αν το κλάμα του επιμένει, πάρτε το αγκαλιά για 5 λεπτά ώστε να ηρεμήσει και το ξαναβάλτε το στο κρεβάτι του.

Αν μετά από όλα αυτά εξακολουθεί να μη θέλει να κοιμηθεί, καθυστερήστε τον ύπνο του, για μισή ώρα περίπου, δεν χρειάζεται παραπάνω, γιατί μπορεί απλά το μωράκι σας να μη νύσταξε ακόμα.

ΠΩΣ ΝΑ ΑΠΟΦΥΓΕΤΕ ΤΟΥΣ ΕΜΕΤΟΥΣ ΤΟΥ ΝΕΟΓΕΝΝΗΤΟΥ ΜΕΤΑ ΑΠΟ ΤΟ ΓΕΥΜΑ ΤΟΥ

Τον μεγαλύτερο ρόλο σ' αυτό το κομμάτι παίζει ο τρόπος ταΐσματος και φυσικά η σημασία που έχει το να βάζετε το μωρό σας να ρευτεί.

Όταν το θηλάζετε, θα πρέπει, μόλις το ταΐσετε από το ένα στήθος, να το βάλετε να ρευτεί στον ώμο σας τρίβοντας του ελαφρά την πλατούλα με κυκλικές κινήσεις και μετά να συνεχίσετε με το άλλο στήθος. Αφού τελειώσετε και με το άλλο, ξαναβάζετε το μωράκι σας να ρευτεί.

Αυτό πρέπει να γίνεται και όταν το ταΐζετε με το μπιμπερό: αφού δώσετε το μισό γάλα, το βάζετε να ρευτεί και μετά συνεχίζετε με το υπόλοιπο.

Δεν πρέπει να περιμένετε να ρευτεί πάνω από 5 με 7 λεπτά. Ένα νεογέννητο μετά από κάθε γεύμα μπορεί να ρευτεί έως και τέσσερις φορές.

ΜΕ ΠΟΙΟΥΣ ΤΡΟΠΟΥΣ ΝΑ ΑΝΤΙΜΕΤΩΠΙΣΕΤΕ ΤΟΥΣ ΚΟΛΙΚΟΥΣ ΤΟΥ ΝΕΟΓΕΝΝΗΤΟΥ

1. Πάρτε το στην αγκαλιά σας στον ώμο σας όπως όταν το βάζετε να ρευτεί και σπρώξτε τα ποδαράκια του προς τα πάνω με λυγισμένα γόνατα. Έτσι πιέζετε η κοιλίτσα και το βοηθάει να βγάλει αέρια που του προκαλούν πόνο.
2. Ξαπλώστε το ανάσκελα, λυγίστε τα γονατάκια του και κάντε του μασάζ στη κοιλίτσα του με κυκλικές κινήσεις, πιέζοντας την ελαφρά πάνω από τα ρουχαλάκια.
3. Ξαπλώστε το μπρούμυτα πάνω στα πόδια σας, λυγίστε τα γονατάκια του και κρατήστε τα έτσι για λίγο.
4. Δώστε του να πιει χλιαρό χαμομηλάκι.

Σίγουρα κάτι από όλα αυτά θα το ανακουφίσει.

ΠΩΣ ΘΑ ΚΑΝΕΤΕ ΜΠΑΝΙΟ ΣΤΟ ΝΕΟΓΕΝΝΗΤΟ ΣΑΣ

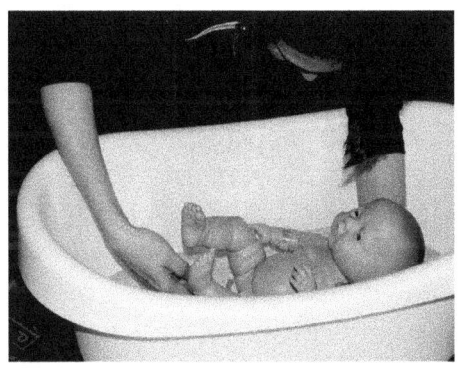

Για να κάνετε μπάνιο στο μωράκι σας χρησιμοποιήστε μια μικρή μακρόστενη λεκανίτσα. Τοποθετείστε την πάνω στην αλλαξιέρα ώστε να μη χρειάζεται να σκύβετε και στρώστε στον πάτο της μια πετσέτα για να μη γλιστράει το μωρό.

Ρίξτε μέσα περίπου 1,5 λίτρο νερό, όχι παραπάνω, σε θερμοκρασία έως 37 βαθμούς Κελσίου.

Φροντίστε να έχετε δίπλα σας ένα μικρότερο λεκανάκι με καθαρό ζεστό νερό, ένα πλαστικό κυπελάκι με χερούλι, ένα θερμόμετρο για να ελέγξετε τη θερμοκρασία του νερού, το αφρόλουτρο, μια μικρή πετσέτα και βαμβάκι. Ετοιμάστε την πάνα του και τα ρουχαλάκια σ' έναν καναπέ ή κρεβάτι στον ίδιο χώρο.

Ξεντύστε το μωρό και κρατήστε το βάζοντας το ένα χέρι σας στην πλάτη του, στηρίζοντας με την παλάμη σας τον αυχένα και το κεφάλι. Βουτήξτε το στο νερό με το κεφάλι πιο ψηλά και αρχίστε να το βρέχετε με το ελεύθερο χέρι σας. Βάλτε του αφρόλουτρο και μετά ξεπλύνετε το με καθαρό νερό, ρίχνοντας με το κυπελάκι στα μαλλιά του και στο σώμα.

Πάρτε βαμβάκι, βρέξτε το και με αυτό καθαρίστε το πρόσωπο του μωρού σας.

Αν δε θέλετε να πάει νερό στ' αυτάκια του, κλείστε τα με λίγο βαμβάκι. Αν ο ομφαλός δεν έχει επουλωθεί τελείως, καλύτερα να μη το βρέξετε, προστατέψτε τον με μια γάζα και μη βάζετε πολύ νερό στη λεκάνη.

Για να το γυρίσετε και μπρούμυτα, πάρτε στην ελεύθερη παλάμη σας τη μικρή πετσέτα, πιάστε μ' αυτή το στήθος του, κάτω από τις μασχάλες και γυρίστε το.

Καθαρίστε την πλάτη και τον ποπό και τελειώσατε. Σκουπίστε το καλά, με απαλές κινήσεις και κάντε του μασάζ με baby oil.

Μη ξεχάσετε να καθαρίσετε τ' αυτάκια του με μπατονέτα ασφαλείας και λαδάκι. Μ' αυτόν τον τρόπο μπορείτε να καθαρίσετε και τον ομφαλό (μπορείτε να χρησιμοποιήσετε και λίγο καθαρό οινόπνευμα).

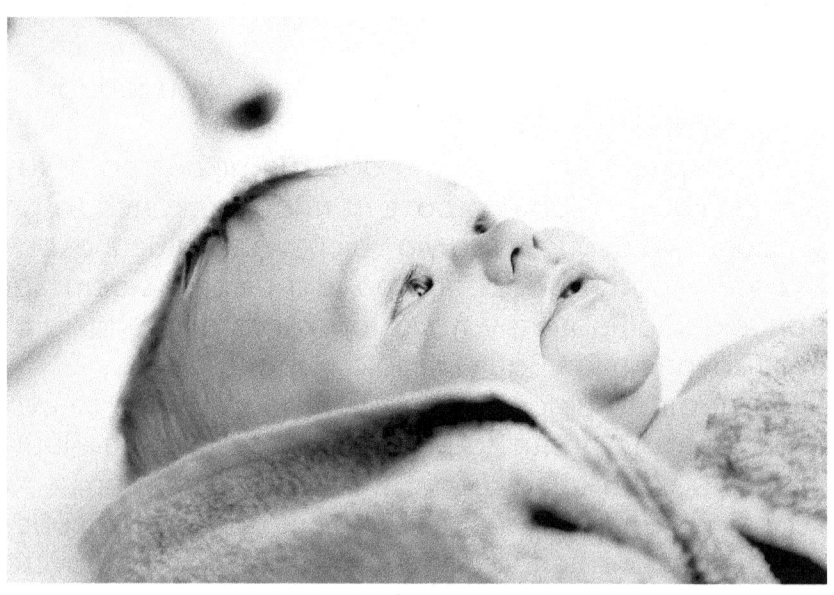

ΠΩΣ ΝΑ ΚΑΝΕΤΕ ΜΑΣΑΖ ΣΤΟ ΜΩΡΟ ΣΑΣ

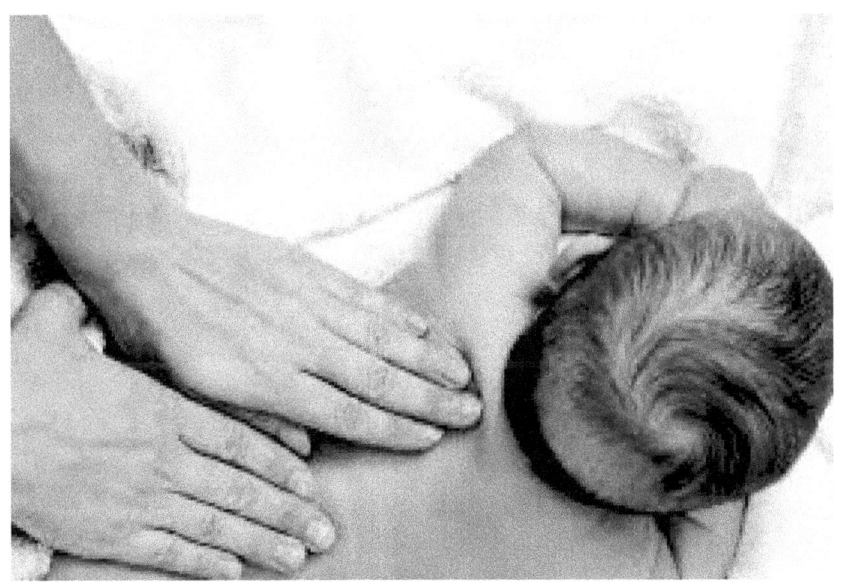

Το μασάζ ηρεμεί και χαλαρώνει το μωρό γι' αυτό καλό θα ήταν να το κάνετε καθημερινά μετά το μπάνιο του. Μπορείτε να χρησιμοποιήσετε ένα βρεφικό γαλάκτωμα σώματος ή baby oil. Οι κινήσεις σας θα πρέπει να είναι απαλές και προσεκτικές. Μη κάνετε μασάζ στο μωρό σας όταν είναι άρρωστο ή μόλις έχει φάει.

Ξαπλώστε το ανάσκελα, σε άνετο μέρος και βολικά για σας, αρχίστε από τα χεράκια του, λυγίστε τα και τεντώστε τα απαλά, το ίδιο κάνετε και με τα ποδαράκια του και με τους αντίχειρες σας κάνετε μασάζ στις πατούσες του. Μετά κάνετε μασάζ στο στήθος του με τις παλάμες σας. Ξεκινάτε με τις παλάμες σας δίπλα - δίπλα πάνω από το στομάχι και ανοίγετε τις παλάμες σας, η μια πάει στον αριστερό ώμο και η άλλη στον δεξιό και ενώνονται πάλι κάτω στη κοιλίτσα, σαν να ζωγραφίζετε μια καρδιά στο στήθος του.

Με τα δυο δάχτυλά σας ενωμένα (δείκτη και μεσαίο), ξεκινήστε μια ευθεία γραμμή κάτω από την αριστερή θηλή έως χαμηλά στη κοιλιά και τελειώνετε κάνοντας κύκλο γύρω από την κοιλίτσα.

Το γυρίζετε μπρούμυτα βάζετε τα χεράκια δίπλα στο σώμα του και κάνετε μασάζ από τον αυχένα, τους ώμους μέχρι κάτω. Προσοχή: Δεν κάνουμε μασάζ πάνω στην σπονδυλική στήλη, αλλά δίπλα.

Στο τέλος του κάνετε λίγο ακόμα μασάζ στο στήθος. Το μασάζ δεν πρέπει να κρατάει πάνω από 15 λεπτά.

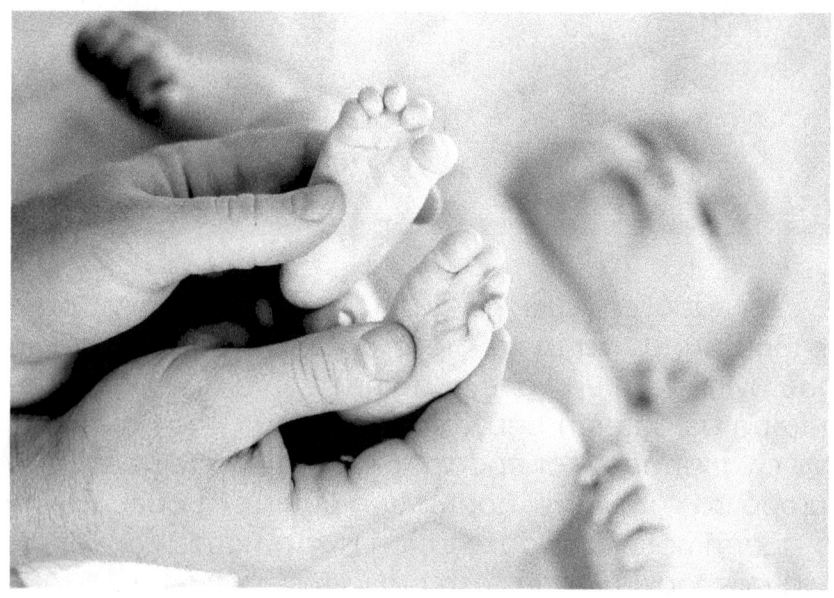

Ευαγγελία Τσιακίρη

ΠΩΣ ΝΑ ΝΤΥΝΕΤΕ ΣΩΣΤΑ ΤΟ ΜΩΡΟ ΣΑΣ

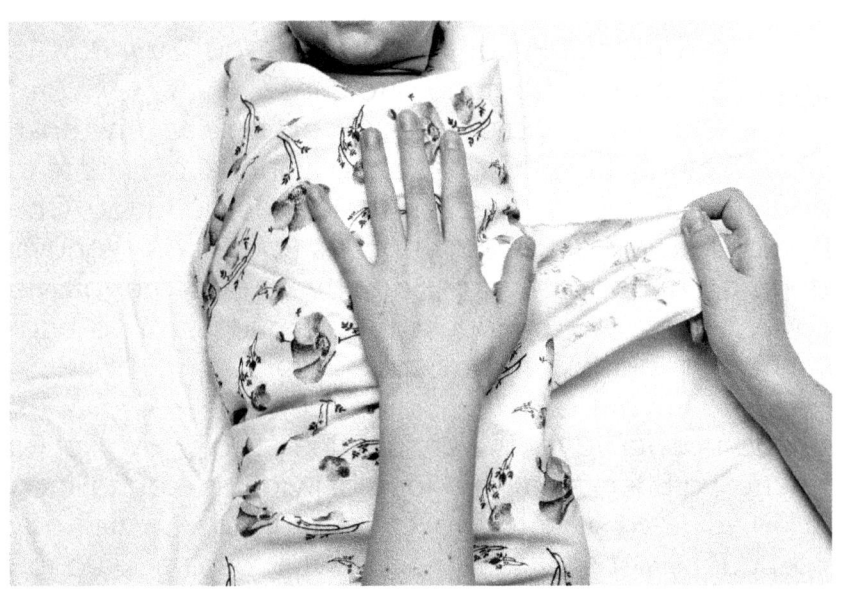

Θα πρέπει να ντύνετε το μωράκι σας με ρούχα που είναι ευκολοφόρετα, πλένονται στο πλυντήριο και, το κυριότερο, είναι βαμβακερά. Τα εσώρουχα του καλό θα ήταν να είναι λευκά για να πλένονται άφοβα στους 60 βαθμούς.

Δώστε προσοχή ώστε να αποφεύγετε τα αιχμηρά κουμπώματά τους, καθώς και ρούχα με υπερβολικά στρας και πέρλες.

Προσέξτε ώστε τα μπλουζάκια να έχουν άνοιγμα για να μπαίνουν εύκολα από το κεφάλι, όπως επίσης και τα παντελονάκια και οι φορμούλες να ανοίγουν από κάτω για να μπορείτε να το αλλάζετε πάνα εύκολα χωρίς να το ξεντύνετε ολόκληρο.

Επίσης, φροντίστε τα καλτσάκια του να μην είναι πολύ σφιχτά.

Όσον αφορά στο πόσα ρούχα πρέπει να του φοράτε, δε χρειάζεται υπερβολή. Αν η θερμοκρασία είναι κανονική στο σπίτι, φορέστε του το φανελάκι του και ένα φορμάκι ή πυζαμάκι και τα καλτσάκια του. Συνήθως το μωρό ζεσταίνεται πιο πολύ από εμάς.

Όταν το βάζετε για ύπνο μη το σκεπάζετε στην αρχή για να κοιμηθεί πιο εύκολα, αφού κοιμηθεί σκεπάστε το απλά με μια κουβέρτα μέχρι και την πλατούλα του. Όσο θα μεγαλώνει και θα ξεσκεπάζεται θα σας διευκολύνει πολύ ο υπνόσακος. Όταν θα ξυπνάει φορέστε του για κανένα μισάωρο ένα αμάνικο γιλεκάκι, μέχρι να επανέλθει η φυσιολογική του θερμοκρασία.

Μεγαλώνοντας θα αρχίσει να περπατάει και να ιδρώνει, θα πρέπει να το ντύνετε με πιο λεπτά ρούχα και θα πρέπει να βλέπετε αν έχει ιδρώσει για να το αλλάξετε.

Το χειμώνα όταν το βγάζετε έξω μη το ντύνετε «σαν κρεμμύδι», φορέστε του τα ρούχα του, αυτά που θα του φορούσατε και στο σπίτι και το μπουφάν του και αν είναι απαραίτητο σκούφο και γάντια. Βολεύει πολύ να του φοράτε ένα λεπτό μπλουζάκι ή πουκαμισάκι και από πάνω ένα ζακετάκι. Μ' αυτόν τον τρόπο αν εκτιμήσατε λάθος τη θερμοκρασία και έχει περισσότερη ζέστη, βγάζετε το ζακετάκι και μένει με το πουκάμισο, ώστε να μην ιδρώνει. Στη βόλτα με το καρότσι θα βοηθήσουν πολύ τα εξαρτήματα του όπως η κουκούλα για τη βροχή και το σκέπασμα για τα πόδια.

ΤΙ ΠΡΕΠΕΙ ΝΑ ΠΡΟΣΕΞΕΤΕ ΟΤΑΝ ΑΓΟΡΑΖΕΤΕ ΠΑΠΟΥΤΣΙΑ ΓΙΑ ΤΟ ΜΩΡΟ ΣΑΣ

Όταν το μωρό σας αρχίσει να περπατάει, τα βηματάκια του δεν θα είναι και πολύ σταθερά, γι' αυτό θα πρέπει να φοράει τα σωστά παπούτσια. Τι σημαίνει αυτό όμως;
-Η σόλα τους δε θα πρέπει να γλιστράει.
-Το δέρμα τους δεν πρέπει να είναι πολύ σκληρό για να μην τραυματιστούν τα ποδαράκια των παιδιών.
-Προτιμήστε μποτάκια, που στηρίζουν καλά τα πόδια τους.
-Φροντίστε να είναι ανατομικά για να βοηθούν στην καμάρα της πατούσας.
-Δώστε μεγάλη προσοχή στο νούμερο (ούτε μικρό, ούτε μεγάλο).
-Φροντίστε να είναι φτιαγμένα από δέρμα ή ύφασμα που αναπνέει.
-Προτιμήστε να έχουν εύκολο κούμπωμα για να είναι ευκολοφόρετα.
-Αποφύγετε να χρησιμοποιείτε παπούτσια που έχουν φορεθεί από άλλα παιδάκια.
Το καλύτερο θα ήταν να μη λυπηθείτε να διαθέσετε

χρήματα για τα παπούτσια. Μπορείτε να κάνετε οικονομία στα ρουχαλάκια και τα παιχνίδια.
Για το τέλοs, κάτι πολύ βασικό: μην ξεχνάτε, μετά από κάθε περπάτημα με παπούτσια, να κάνετε στο παιδάκι σαs ένα πεντάλεπτο μασαζάκι, στιs πατουσίτσεs και τα δακτυλάκια!

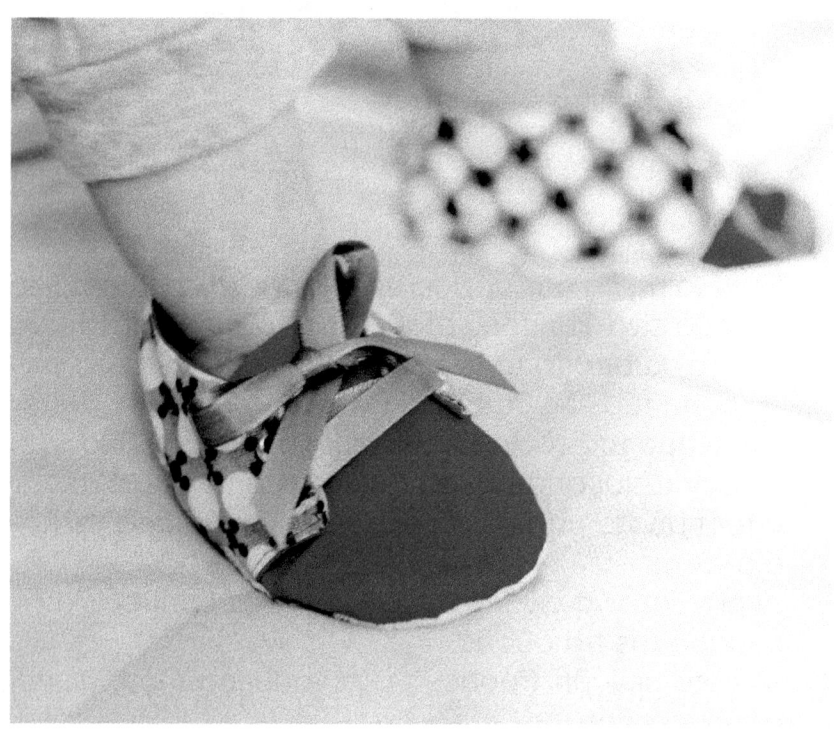

ΠΩΣ ΝΑ ΧΡΗΣΙΜΟΠΟΙΗΣΕΤΕ ΤΗΝ ΠΙΠΙΛΑ ΣΤΟ ΜΩΡΟ ΣΑΣ ΓΙΑ ΝΑ ΜΗΝ ΤΟΥ ΓΙΝΕΙ ΕΘΙΣΜΟΣ

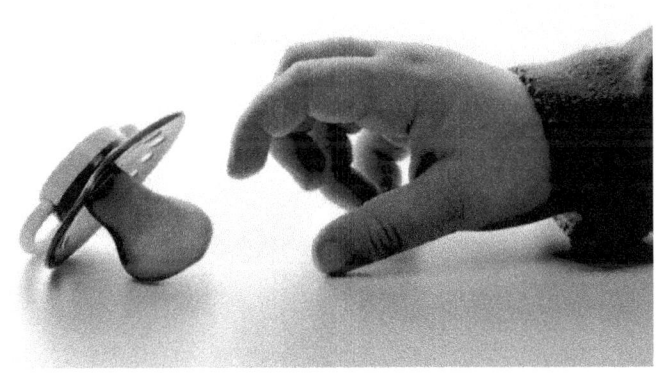

«Πιπίλα», η φίλη-σωτηρία κάθε μαμάs! Ωστόσο, μια φίλη που θέλει ιδιαίτερο χειρισμό, ώστε να μην αποβεί τελικά μπελάs!

Πώs θα αποφύγετε τον... κίνδυνο αυτό; Αρκούν μερικέs απλέs κινήσειs:

- Δώστε την πιπίλα στο μωράκι σαs όταν κλαίει πολύ, για να το πρεμήσετε. Όταν είναι ήσυχο, η πιπίλα περισσεύει!

- Αν συνηθίζετε να του τη δίνετε μέχρι να το πάρει ο ύπνοs, φροντίστε να του τη βγάλετε μόλιs κοιμηθεί.

- Μην τη χρησιμοποιείτε όσο είναι ξύπνιο, προτιμήστε να το απασχολήσετε με παιχνιδάκια ή να του τραγουδήσετε.

- Προτιμήστε να την βάζετε σε σημείο μη εκτεθειμένο στο παιδί, ώστε να μην την βλέπει!

- Όταν το πηγαίνετε βόλτα με το καρότσι, δε χρειάζεται να του δίνετε πιπίλα για να είναι ήσυχο, δώστε του ένα παιχνιδάκι να απασχολείται. Έχετέ την απλά μαζί σαs, για να την χρησιμοποιήσετε αν χρειαστεί.

- Το διάστημα που θα βγάζει δοντάκια και επομένως θα γκρινιάζει, καλό είναι να την αποφύγετε εντελώς. Στη θέση της, δώστε του να τρίβει τα ούλα του με ειδικά παιχνιδάκια που κυκλοφορούν στο εμπόριο γι' αυτόν τον σκοπό. Η πιπίλα μπορεί, αργότερα, να προκαλέσει προβλήματα στην οδοντοφυΐα.

- Προσοχή, μην ξεχνάτε να την αποστειρώνετε αλλά και να την αλλάζετε συχνά, καθώς πολλές φορές σκίζεται και, αν δεν την προσέξουμε, υπάρχει κίνδυνος να προκαλέσει μέχρι και πνιγμό.

- Ορισμένα μωράκια δε θέλουν την πιπίλα. Αντί αυτής, προτιμούν να χρησιμοποιούν στη θέση της το μεγάλο δάχτυλο του χεριού τους. Ούτε κι αυτό είναι καλό, θέλει πολύ προσοχή γιατί το πολύ πιπίλισμα μπορεί να καταστήσει το δάχτυλο ατροφικό ενώ η συνήθεια αυτή μπορεί να προκαλέσει και προβλήματα στα δόντια.

ΜΩΡΟ ΜΕ ΒΟΥΛΩΜΕΝΗ ΜΥΤΗ ΚΑΙ ΣΥΝΑΧΙ: ΠΩΣ ΝΑ ΤΑ ΑΝΤΙΜΕΤΩΠΙΣΕΤΕ

Είναι πολύ συνηθισμένη στα μωράκια η βουλωμένη μύτη και το συνάχι και συνήθως οφείλεται είτε σε ιώσεις είτε στα δοντάκια που βγάζει.

Όταν η μυτούλα βουλώνει, θα πρέπει να φροντίσουμε για την αποσυμφόρησή της.

Το πρώτο που πρέπει να κάνετε είναι να του βάλετε φυσιολογικό ορό, είτε σε μορφή σπρέι ή σε αμπούλες. Πολλές φορές το σπρέι βοηθάει πιο πολύ, γιατί ερεθίζει πιο γρήγορα τη ρινική κοιλότητα και προκαλεί φτέρνισμα με αποτέλεσμα να αποβάλλει πολλές μυξούλες.

Πώς να του βάλετε σωστά τον ορό

Αν το μωράκι σας είναι πολύ μικρό και δεν κάθεται ακόμη, ξαπλώστε το στο πλάι, πάνω στην αλλαξιέρα, ρίξτε λίγο ορό στο πάνω το ρουθούνι και ταυτόχρονα ρουφήξτε με μια συσκευή αναρρόφησης (ελεφαντάκι) από το άλλο ρουθούνι. Μετά γυρίστε το πλευρό και κάντε το ίδιο με το άλλο ρουθούνι. Αν το κάνουμε διαφορετικά, μπορεί να τρέξει ορός στο αυτάκι του και να του δημιουργήσει ωτίτιδα.

Τώρα, αν είναι μεγαλύτερο και κάθεται, καλό θα ήταν αυτή την διαδικασία να του την κάνετε ενώ είναι καθιστό, απλά θα του γείρετε προς τα πίσω λίγο το κεφάλι. Βέβαια, η καλύτερη στιγμή για να δράσει καλύτερα ο ορός είναι η ώρα του μπάνιου. Αν αφήσετε και τη βρύση να τρέχει με ζεστό νερό, οι υδρατμοί που θα δημιουργηθούν θα διευκολύνουν την αποβολή ρινικών εκκρίσεων.

Πώς να διευκολύνετε τον ύπνο του

Βράστε λίγο νερό και διαλύστε σ' αυτό 1 κουταλάκι του γλυκού vix ή στάξτε 3-4 σταγόνες ευκαλυπτέλαιο, που θα προμηθευτείτε από το φαρμακείο. Αφήστε το να εξατμιστεί στο δωμάτιό του.

Μπορείτε να νοτίσετε ένα βαμβακάκι με vix ή ευκαλυπτέλαιο, να το τοποθετήσετε σε ένα σακουλάκι από τούλι και να το κρεμάσετε στο κρεβατάκι του.

Ακόμα, καλό θα είναι να έχετε το κεφάλι του στο κρεβατάκι πιο ψηλά, για να ανασαίνει καλύτερα στον ύπνο του. Γι' αυτό, τοποθετήστε κάτω από το σεντονάκι του, ένα έξτρα μαξιλαράκι ή μια διπλωμένη πετσέτα.

Πώs να χρησιμοποιήσετε το ρινικό διάλυμα, αν χρειαστεί

Αραιώστε το με μισή αμπούλα φυσιολογικό ορό και προτιμήστε να το χρησιμοποιήσετε μόνο βράδυ.

Για να μαλακώσετε τη μυτούλα του εξωτερικά, χρησιμοποιήστε λίγη Βαζελίνη ή baby oil.

Ευαγγελία Τσιακίρη

ΓΕΝΝΗΣΑΤΕ ΔΙΔΥΜΑ; ΠΩΣ ΝΑ ΑΝΤΙΜΕΤΩΠΙΣΕΤΕ ΜΕ ΤΟΝ ΚΑΛΥΤΕΡΟ ΔΥΝΑΤΟ ΤΡΟΠΟ ΤΗΝ ΟΛΗ ΚΑΤΑΣΤΑΣΗ

Μια γέννα, δύο μωρά και ένα είναι το σίγουρο: θα χρειαστείτε βοήθεια!

Δεν χρειάζεται βέβαια να σας πιάνει πανικός, όλα είναι θέμα οργάνωσης!

Το βασικότερο όλων είναι η προετοιμασία, σε όλα τα πεδία. Να μάθετε να θηλάζετε δυο μωρά ταυτόχρονα, να ηρεμήσετε δυο μωρά που κλαίνε ταυτόχρονα, να τα κοιμίσετε, να τα παίξετε και κυρίως να καταφέρετε να μη καταρρεύσετε από την όλη κατάσταση.

Έτσι, φροντίστε να έχετε ένα άτομο να σας βοηθάει για κάποιες ώρες, να μπορείτε να του εμπιστεύεστε τα μωρά, είτε το ένα είτε και τα δύο, ώστε να προλαβαίνετε να κοιμόσαστε και να ξεκουράζεστε, για να μπορέσετε να ανταπεξέλθετε σε όλες τις δυσκολίες που θα αντιμετωπίσετε.

Όσον αφορά τον ταυτόχρονο θηλασμό, φροντίστε να εξοπλιστείτε με πράγματα που θα σας διευκολύνουν, όπως μαξιλάρια ή ειδικές κατασκευές που κυκλοφορούν στο εμπόριο. Σχετικά με το ρέψιμό τους, μπορείτε να φτιάξετε με τη φανελένια πάνα ένα μπολερό ζακετάκι. Επίσης, μπορείτε να τοποθετήσετε στον κάθε ώμο σας μία πετσετούλα. Την πρώτη φορά που θα ρευτούν, μόλις θηλάσουν από το ένα στήθος θα χρησιμοποιήσετε ένα ζευγάρι πετσετούλες και την επόμενη, ένα δεύτερο, έτσι, με αυτόν τον τρόπο θα έχει το καθένα τη δική του πετσέτα, χωρίς να κινδυνεύει να κολλήσει κάτι το ένα από το άλλο.

Καλό θα ήταν να έχετε και βρεγμένα βαμβακάκια με νερό ή χαμομήλι για να καθαρίζετε τη θηλή κάθε φορά που αλλάζετε στήθος. Όσο και αν σας φαίνεται απίθανο, μπορεί το ένα μωράκι να νοσεί από κάτι και το άλλο όχι.

Για τον ύπνο τους, φροντίστε τα κρεβατάκια τους να είναι αντικριστά και όχι κολλητά ενώ καλό είναι να αφήσετε έναν διάδρομο ενδιάμεσα για να διευκολύνετε τις κινήσεις σας. Αν τους βάζετε τραγουδάκι για να τα νανουρίσετε, βάλτε δύο διαφορετικά και όχι το ίδιο και για τα δύο, δεν είναι απαραίτητο ότι συμφωνούν τα γούστα τους.

Φροντίστε να μη μπερδεύετε τα πράγματά τους, γι' αυτό πάρτε για το καθένα διαφορετικά χρώματα. Και φυσικά μην ξεχνάτε ότι ο χρόνος σας πρέπει να είναι εξίσου μοιρασμένος στο καθένα και ότι πρόκειται για δύο διαφορετικά παιδιά και όχι για ένα σε δύο... αντίτυπα! Καλή δύναμη!

ΟΡΓΑΝΩΣΗ ΧΡΟΝΟΥ ΓΙΑ ΤΙΣ ΝΕΕΣ ΜΑΜΑΔΕΣ

Το πιο εύκολο πράγμα για τις νέες μανούλες, πέρα από το να ενθουσιαστούν, είναι το να... «χάσουν τη μπάλα» καθώς δεν ξέρουν τι να πρωτοκάνουν αφού όλη αυτή η εμπειρία είναι πρωτόγνωρη και δεν ξέρουν πώς να τη διαχειριστούν. Πολλές αλλαγές συμβαίνουν στη ζωή τους ταυτόχρονα, αφού αλλάζει το σώμα τους, το καθημερινό τους πρόγραμμα, η ψυχολογία τους, ο ύπνος τους, η οικογενειακή τους κατάσταση, οι ευθύνες που έχουν να αντιμετωπίσουν ως προς το νέο μέλος, οι σεξουαλικές επαφές με τον σύζυγο. Γενικά μιλάμε για ένα μεταβατικό στάδιο μέχρι όλα -ή σχεδόν όλα- να επανέλθουν στα φυσιολογικά επίπεδα.

Υπάρχουν βέβαια μικρά μυστικά που θα σας βοηθήσουν να περάσετε αυτή την περίοδο όσο το δυνατόν πιο ανώδυνα:

- Εξετάστε τις προτεραιότητές σας και να ιεραρχήστε τη σειρά με την οποία θα γίνονται. Γι' αυτόν τον σκοπό, θα σας φανεί χρήσιμο να έχετε ένα σημειωματάριο όπου θα γράφετε όλα όσα κάνετε στη διάρκεια της ημέρας. Μπορείτε ακόμη να σημειώνετε κάθε βράδυ όλα όσα θα κάνετε την επόμενη μέρα. Το ιδανικό θα ήταν να καταγράφετε κάθε Κυριακή ένα γενικό πλάνο όλης της εβδομάδας.

- Αποφασίστε το Σαββατοκύριακο για το μενού της εβδομάδας που έρχεται και κάντε αναλόγως τα ψώνια σας. Ψωνίστε επίσης ό,τι χρειάζεστε για το μωρό (φτιάξτε λίστα), ώστε να μη χρειάζεται να κάνετε αγορές της τελευταίας στιγμής, με αποτέλεσμα να διαταράσσεται τόσο το πρόγραμμα όσο και ο προϋπολογισμός σας.

- Φροντίστε να έχετε όλα τα πράγματα του μωρού σας συγκεντρωμένα σ' ένα μέρος της κουζίνας για να μη χάνετε χρόνο ψάχνοντάς τα. Επίσης, έχετε πά-

ντα έτοιμη τη βρεφική του τσάντα με τα βασικά είδη, έτσι ώστε αν χρειαστεί να πάτε κάπου να έχετε να ετοιμάσετε μόνο το μωρό.
- Καλό θα ήταν να δεχτείτε τη βοήθεια κάποιων συγγενικών προσώπων, αν θα σας την προσφέρουν. Ακόμα καλύτερα, αν μπορείτε να ανταπεξέλθετε οικονομικά, μια baby sitter που θα γνωρίζει κάποια πράγματα και θα σας βοηθά, θα μπορούσε να γίνει το δεξί σας χέρι.
- Ο παιδίατρός σας πρέπει να είναι διαθέσιμος να σας λύσει οποιαδήποτε απορία, κάθε ώρα και στιγμή. Φροντίστε να τον εμπιστεύεστε και να μπορείτε να του τηλεφωνείτε ελεύθερα για να σας δίνει οδηγίες για το μωρό σας όταν τις χρειάζεστε.
- Οι δουλειές του σπιτιού δεν παύουν να είναι μέρος της καθημερινότητάς σας, ωστόσο για να εξοικονομήσετε χρόνο, μπορείτε να τις οργανώσετε ως εξής:

α) Πρώτο σας μέλημα, κάθε πρωί, είναι να αποστειρώσετε τα σκεύη του μωρού και να ετοιμάσετε το φαγητό, τόσο το δικό σας όσο και του μωρού.
β) Καθημερινά αερίστε τα δωμάτια και ξεσκονίστε μ' ένα φτερό, εύκολα και γρήγορα. Περάστε το πάτωμα με ένα πανάκι που μαζεύει χνούδια και σκόνη, κυκλοφορούν δεκάδες στο εμπόριο και θα σας λύσουν τα χέρια.
γ) Ηλεκτρική σκούπα δύο φορές την εβδομάδα είναι αρκετές όπως επίσης και το σφουγγάρισμα.
δ) Γενική καθαριότητα μία φορά κάθε μήνα αρκεί.
ε) Πλυντήριο ρούχων καλό είναι να βάζετε στη αρχή της εβδομάδας για να μπορέσετε να τα στεγνώσετε και να τα έχετε έτοιμα για σίδερο το Σαββατοκύριακο.
στ) Για σίδερο αφιερώστε μία μέρα την εβδομάδα με προτεραιότητα στα ρούχα του μωρού που απαιτούν πολύ καλό σίδερο. Για να διευκολυνθείτε, καλό εί-

ναι όταν μαζεύετε τα ρούχα να τα χωρίζετε (πετσέτες, σεντόνια, εσώρουχα κλπ.) κι αν κάποια δε χρησιμοποιούνται από το μωρό, διπλώστε τα όμορφα και τακτοποιείστε τα κατευθείαν στη ντουλάπα σας.

Το μωρό φαίνεται να είναι το πρώτο σας μέλημα, ωστόσο δεν πρέπει να ξεχνάτε και τον εαυτό σας! Γραφτείτε σ' ένα γυμναστήριο, βγείτε με μια φίλη για έναν καφέ, γραφτείτε σ' ένα χορευτικό σύλλογο, κάντε ότι σας ευχαριστεί περισσότερο!

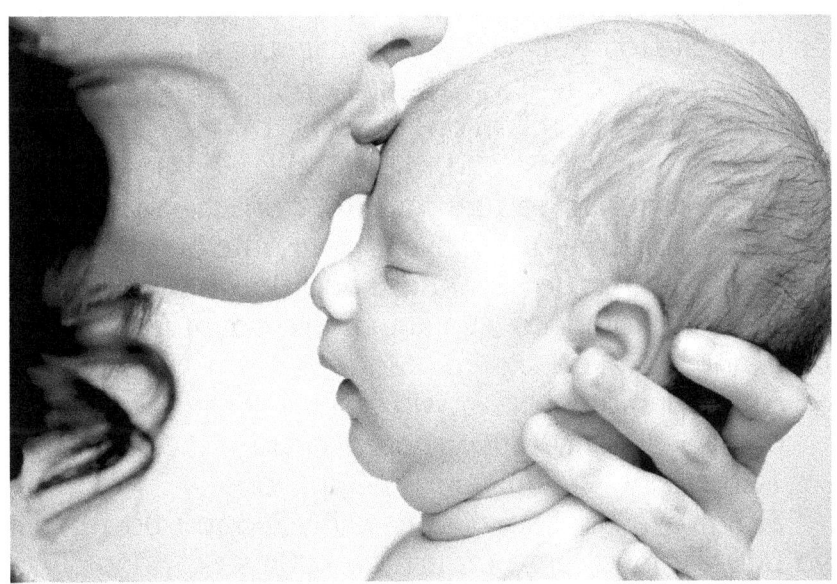

ΠΩΣ ΘΑ ΕΤΟΙΜΑΣΕΤΕ ΤΑ ΓΕΥΜΑΤΑ ΤΟΥ ΑΝΑΛΟΓΑ ΜΕ ΤΗΝ ΗΛΙΚΙΑ ΤΟΥ

Όσο το μωρό είναι νεογέννητο, του δίνετε μόνο γάλα και κανένα χαμομηλάκι. Προσέξτε μόνο τη θερμοκρασία τους: πρέπει να είναι χλιαρά.

Συνήθως από τον 6ο-7ο μήνα ξεκινάτε τη φρουτόκρεμα (όταν θα σας το πει ο παιδίατρος σας). Ξεκινάτε ένα ένα τα φρούτα, πρώτα με ένα κομματάκι μήλο, την πρώτη μέρα και σε τρεις μέρες ολοκληρώνετε το κάθε φρούτο. Έτσι αυξάνετε σταδιακά και μια κανονική μερίδα φρούτου πρέπει να αποτελείτε από τρία φρούτα (αχλάδι-μήλο-μπανάνα). Καλό θα ήταν να τη δίνατε το πρωί 10-11π.μ.για να την χωνέψει πιο εύκολα ή διαφορετικά, αν δε μπορείτε το πρωί, νωρίς το απόγευμα, κατά τις 4-5μ.μ.

Στην αρχή, όταν θ' αλέθετε τα φρούτα στο μπλέντερ, ρίξτε μέσα και 50ml χλιαρό νεράκι, μ' αυτόν τον τρόπο θα αλεστούν πιο καλά τα φρούτα και δε θα σφίξουν πολύ τα κόπρανα του μωρού. Αν πάλι το κάνουν δυσκοίλιο αφαιρέστε την μπανάνα και βάλτε δύο αχλάδια.

Για να ταΐσετε τα γεύματα, καλό θα ήταν να βάλετε το μωρό να καθίσει σ' ένα καρεκλάκι φαγητού. Αυτό θα διευκολύνει και σας και το μωρό.

Το ημερήσιο μενού του θα έχει ως εξής:
6-7πμ. γάλα, 10-11πμ. φρουτόκρεμα.
1-2μμ. γάλα, 4-5μμ. γάλα, 8-9μμ. γάλα.

Στην αρχή θα δυσκολευτείτε λίγο, αφού θα πρέπει να μάθει ν' ανοίγει το στόμα του καθώς θα πλησιάζετε το κουτάλι, ενώ μέχρι τώρα το άνοιγε μόνο στη θηλή, ωστόσο δε χρειάζεται να σας πάρει από κάτω.

Επειδή τα μωρά έχουν τη συνήθεια να μας μιμούνται, πάρτε και φάτε και εσείς κάτι με κουτάλι (π.χ. ένα γιαούρτι). Όταν σιγά σιγά θα το καταλάβει προσπαθήστε όταν θα του πλησιάζετε το κουτάλι στο στόμα να το κρατάτε λίγο πιο ψηλά από το στόμα του για να μπορεί να καταπίνει πιο εύκολα και να μη σκύβει και του πέφτει η τροφή. Επίσης πιέστε του λίγο τη γλώσσα με το κουταλάκι μόλις ανοίξει το στόμα του για να μάθει πόσο πρέπει να το ανοίγει όταν τρώει.

Για να μάθει να καταπίνει καλά θα πρέπει να μη καθυστερείτε τις κουταλιές, έτσι δε θα μάθει να κρατάει αρκετή ώρα την τροφή στο στόμα. Στην αρχή μπορεί να αναγουλιάσει και να νομίζετε ότι θα πνιγεί. Μη φοβάστε, δεν πνίγεται αν του δώσετε τη σωστή ποσότητα τροφής, καλά αλεσμένη.

Η ώρα του φαγητού δε θα πρέπει να κρατάει πάνω από τριάντα λεπτά, μετά θα κουραστείτε και σεις και το μωρό. Αφού μάθει με τη φρουτόκρεμα να τρώει, μετά από ένα μήνα θα προσθέσετε τα φαγάκια στο μεσημεριανό του.

ΠΑΝΕΣ ΤΕΛΟΣ
ΗΡΘΕ Η ΩΡΑ ΓΙΑ ΓΙΟΓΙΟ

-Πότε ν' αρχίσω να το βάζω στο γιογιό;
-Με ποιον τρόπο;
-Τι να του πω και πώς να το πω;
-Τι να κάνω αν δε θέλει να καθήσει;
-Πόσο συχνά να το βάζω στο γιογιό;

Όλα αυτά τα ερωτήματα βασανίζουν τους γονείς και ειδικά τις μητέρες που βρίσκονται σ' αυτό το στάδιο.

Τη μεγαλύτερη σημασία σ' αυτό το στάδιο παίζει η δική σας διάθεση πρώτα και μετά του παιδιού. Θα πρέπει να είστε έτοιμη να μπείτε σ' αυτή τη διαδικασία χωρίς να νευριάζετε, να είστε ψυχολογικά καλά.

Το παιδί μετά από τον πρώτο χρόνο θα πρέπει σιγά σιγά να αρχίσει να εξοικειώνεται με το γιογιό. Τι εννοώ: να το βλέπει καθημερινά στην ίδια θέση, εξηγώντας του με απλά λόγια τη χρήση του. Τοποθετείστε το σε ένα σημείο ακίνδυνο μέσα στο μπάνιο και εξηγήστε του ότι στη μεγάλη λεκάνη κάνετε εσείς «τα κακά» σας και στο γιογιό εκείνο. Αν δε χωράει το γιογιό μέσα στο μπάνιο, βάλτε το ακριβώς έξω από το μπάνιο.

Τον πρώτο μήνα μην το βάζετε στο γιογιό, δείξτε του

να βάζει ένα κουκλάκι του να κάθεται να κάνει «κακά» (φροντίστε το κουκλάκι να φοράει βρακάκι και να του το κατεβάζει για να κάτσει) για να μάθει τη διαδικασία. Έτσι μπορεί να ζητήσει σιγά σιγά να καθίσει από μόνο του, αν πάλι όχι θ' αρχίσετε να το βάζετε εσείς μια φορά τη μέρα. Σ' αυτό το στάδιο θα βοηθήσει πολύ η πάνα βρακάκι.

Αν δείτε ότι δυσανασχετεί και δε θέλει να καθίσει, μην το πιέζετε πολύ, καθίστε το, μετρήστε μέχρι το δέκα και σηκώστε το. Την άλλη μέρα μετρήστε μέχρι το είκοσι κλπ. Με αυτόν τον τρόπο κάθε μέρα θα κάθεται και περισσότερο και θα συνηθίσει. Θα πρέπει να θεωρεί εκείνη την ώρα διασκέδαση- απόλαυση και όχι καταναγκασμό. Προσοχή: δεν πρέπει να δει το γιογιό σαν παιχνίδι αλλά σαν ένα απαραίτητο εργαλείο. Τοποθετείστε δίπλα μερικά βιβλιαράκια για να χαζεύει και βάλτε του να ακούει τραγουδάκια. Πείτε του πόσο όμορφο είναι όταν κάθεται στο γιογιό του και φωτογραφίστε το.

Μια φίλη μου είχε κάνει κάτι πολύ έξυπνο. Στον τοίχο δίπλα στο γιογιό έβαλε ένα πόστερ - κολάζ που έφτιαξε μόνη της, κόλλησε σε ένα χαρτόνι εικόνες από παιδάκια που κάθονταν στο γιογιό τους και ανάμεσά τους και τη φωτογραφία του δικού της παιδιού. Έδωσε στα παιδάκια ονόματα και κάθε φορά που έβαζε το μικρό της στο γιογιό, εκείνο χαιρόταν που θα έβλεπε πάλι τα παιδάκια στις εικόνες και θα μιλούσε μαζί τους.

Στην αρχή καθίστε δίπλα του λέγοντάς του αστειάκια και δείξτε του με παντομίμα πώς να σφιχτεί για να κάνει τα κακά του. Εξηγήστε του ότι μόλις κάνει θα το σηκώσετε εσείς από το γιογιό για να μη λερωθεί. Πηγαίνετε μαζί, πετάξτε τα στη λεκάνη, τραβήξτε το καζανάκι και πλύνετε οπωσδήποτε χέρια.

Ξεκινήστε να το βάζετε στο γιογιό κάθε μεσημέρι μετά το φαγητό, πριν τον ύπνο. Το πιο πιθανό είναι να κάνει. Είτε κάνει, είτε όχι, επιβραβεύστε το, αυτή η εκπαίδευση δε θέλει φωνές και τιμωρία. Για να μη σας ζητάει συνέχεια δίπλα του, προφασιστείτε ότι κάνετε μια δουλειά (π.χ. πάτε να δείτε το φαγητό για να μην το κάψετε) εκείνη την ώρα και φύγετε από κοντά του για να μείνει μόνο του να χαλαρώσει. Δε θέλει πολλές κουβέντες και χάδια, μιλήστε του ορθά και κοφτά. Μην το αφήνετε στο γιογιό πάνω από 20-30 λεπτά.

Κάθε παιδί έχει το δικό του χρονικό διάστημα για να κόψει την πάνα, άλλο μπορεί να την κόψει σε μια εβδομάδα, άλλο σε 1 ή 2 μήνες κλπ. Η καλύτερη εποχή για να βάζετε το παιδί συστηματικά στο γιογιό είναι το καλοκαίρι, που φοράει πιο λίγα ρούχα, κάνει ζέστη και έχουμε πιο ελαφριά στρωμένο και το σπίτι. Καλό θα ήταν, αν αρχίσετε να το κάνετε, να γίνει ολοκληρωμένο και μέρα και νύχτα. Όσο για το στρώμα στο κρεβάτι του προστατέψτε το με σελτεδάκια γιατί σίγουρα θα υπάρξουν ατυχήματα. Την ημέρα να το βάζετε στο γιογιό κάθε 2 ώρες.

Όσον αφορά το βράδυ, θα πρέπει να βάζετε ξυπνητήρι ανά τρεις ώρες. Φροντίστε το ξυπνητήρι να έχει απαλό και χαρούμενο ήχο (κυκλοφορούν ξυπνητήρια παιδικά, αρκουδάκια, σκυλάκια, γατούλες κλπ). Τοποθετείστε ένα ίδιο ξυπνητήρι και στο παιδί, μόλις θα το ακούει θα προετοιμάζεται κι αυτό. Το βράδυ φροντίστε να έχετε το γιογιό δίπλα στο κρεβατάκι του για να μην το μετακινείτε πολύ και ξυπνήσει καλά. Θέλει γρήγορες και μεθοδικές κινήσεις. Όταν είναι να βγείτε έξω βόλτα στις κούνιες, το βάζετε να κάνει οπωσδήποτε πριν φύγετε εξηγώντας του ότι στις κούνιες δεν έχει γιογιό. Αν κάνει πάνω του κακά, εννοείτε πως δεν το μαλώνετε, του εξηγείτε απλά πως πρέπει να είναι πιο γρήγορο και να πηγαίνει εγκαίρως στο γιογιό.

Δε λέω ότι είναι εύκολο αλλά ούτε ακατόρθωτο, το κυριότερο που χρειάζεται είναι υπομονή. Αν κάποια μέρα η διάθεσή σας δεν είναι καλή, καλύτερα να μην το βάλετε στο γιογιό γιατί σίγουρα θα το επηρεάσετε αρνητικά.

Το αργότερο μέχρι 3 χρονών θα πρέπει να κόψει την πάνα. Μην το αμελείτε, κόβοντας την γλιτώνετε χρήμα, αλλά και από πολλές ασθένειες π.χ. ουρολοίμωξη, δερματίτιδα κ.α.

Πάνω απ' όλα υπομονή και καλή ψυχική διάθεση!

Η ΠΡΩΤΗ ΒΟΛΤΑ ΜΕ ΤΟ ΜΩΡΑΚΙ ΣΑΣ ΠΕΡΠΑΤΩΝΤΑΣ

Το μωράκι σας μεγάλωσε και περπατάει πλέον με σταθερά βήματα, καιρός λοιπόν να το πιάσετε από το χέρι και να περπατήσετε μαζί του.

Το πρώτο που θα πρέπει να προσέξετε είναι τα ρούχα του και τα παπούτσια του. Φορέστε του άνετα και ελαφριά ρούχα (φόρμες-κολάν), μη το ντύνετε πολύ χοντρά γιατί θα περπατάει και μπορεί να ιδρώσει, καλύτερα πάρτε μαζί σας μια ζακετούλα. Το ίδιο ισχύει και για σας. Για παπούτσια προτιμήστε αθλητικά ή με όποια περπατάει πιο καλά.

Στην αρχή θα κάνετε μια μικρή βόλτα γιατί, σαν πρώτη φορά, θα κουραστεί και θα ζητήσει αγκαλιά, κάτι που θα πρέπει να αποφύγετε. Όταν θα ξεκινήσετε τη βόλτα, περπατήστε και εσείς στον δικό του ρυθμό, κάντε το λίγο σαν παιχνίδι, περιγράψτε το κάθε σημείο που περνάτε σαν να του διηγείστε μια ιστορία. Μόλις βγείτε από το σπίτι συμβουλέψτε το, ότι για να περάσετε ωραία θα πρέπει να σας ακούει και να κρατάει πάντα σφιχτά το χέρι σας, γιατί θα συναντήσετε πολλά αυτοκίνητα και ανθρώπους και θα πρέπει να είστε προσεκτικοί.

Φροντίστε όταν πάτε βόλτα να έχετε και τα δυο σας χέρια ελεύθερα για να μπορέσετε να αντιμετωπίσετε οποιαδήποτε κατάσταση σας τύχει. Τα απαραίτητα πράγματα που θα χρειαστείτε βάλτε τα σε ένα σακίδιο πλάτης. Πάντα να έχετε το παιδί σας από τη μέσα πλευρά του πεζοδρομίου, κρατώντας το πάντα από το χέρι. Τραγουδήστε μαζί του ένα τραγουδάκι, δείξτε του τα λουλουδάκια, τις πεταλούδες, τα πουλιά, τις γατούλες και όλα όσα θα συναντήσετε. Απαγορεύεται να μιλάτε στο τηλέφωνο εκείνη τη στιγμή. Εξηγείστε στο παιδί σας ότι περνάμε τον δρόμο, μόνο όταν αυτός είναι άδειος από αυτοκίνητα και πείτε του για το φανάρι, για το κόκκινο και το πράσινο ανθρωπάκι. Δείξτε του πώς να περνάει τα εμπόδια στον δρόμο χωρίς να σκοντάφτει, να μην πατάει στα νερά για να μην γλιστρήσει, κάντε ένα μικρό διάλλειμα για να πιείτε λίγο νερό και ρωτήστε αν του άρεσε η βόλτα σας ή τι του έκανε περισσότερη εντύπωση.

Η άνοιξη είναι ιδανική εποχή για τέτοιες βόλτες, γι' αυτό απολαύστε τες!

ΠΑΙΔΙ ΚΑΙ ΒΙΒΛΙΟ: ΒΟΗΘΗΣΤΕ ΤΟ ΝΑ ΤΟ ΑΓΑΠΗΣΕΙ

Ο μαγικός κόσμος των βιβλίων μας βοηθάει να δούμε και να μάθουμε καλύτερα, μέσα από τις σελίδες τους, τον κόσμο και όσα συμβαίνουν γύρω μας. Μας βοηθάει να ονειρευτούμε και να αναπτύξουμε τη φαντασία μας. Για όλους αυτούς τους λόγους θα πρέπει να βάλουμε και το παιδί μας σ' αυτόν τον μαγικό κόσμο.

Να το κάνουμε να αγαπήσει το βιβλίο, να γίνει ένα από τα αγαπημένα του παιχνίδια. Για να το πετύχουμε αυτό, θα πρέπει να το έχουμε ήδη στο σπίτι μας, δηλαδή να το αγαπήσουμε πρώτα απ' όλα εμείς.

Φροντίστε τη βιβλιοθήκη του πριν ακόμη γεννηθεί. Ακόμα και όταν θα είναι νεογέννητο αρχίστε να του διαβάζετε μικρές ιστοριούλες, μπορεί να μην καταλαβαίνει πολλά, αλλά μ' αυτόν τον τρόπο θα συνηθίσει σ' αυτή την ιδέα και όσο θα μεγαλώνει θα την αποζητά. Θα πρέπει να τα έχετε σε εμφανή σημεία να τα βλέπει. Όχι καταχωνιασμένα. Τους πρώτους μήνες μπορείτε να του πάρετε πλαστικά ή πάνινα βιβλία που κυκλοφορούν στο εμπόριο. Μια άλλη λύση είναι να έχετε παλιά παιδικά βιβλία, να μην τα πετάτε ή αν έχουν κάποιοι γνωστοί σας να σας τα δώσουν και να του τα δίνετε να τα βλέπει και να τα ξεφυλλίζει, χωρίς να φοβάστε αν θα τα καταστρέψει. Φτιάξτε του μια όμορφη γωνιά στο δωμάτιό του για να κάθεται να τα χαζεύει. Ξεφυλλίστε τα μαζί του παίζοντας. Ζητήστε του να σας βρει μια μπάλα, ένα ζωάκι, ένα παιδάκι ή έναν ήλιο μέσα στις σελίδες του, ώστε να κατανοήσει τον ρόλο του βιβλίου.

Πολλά παιδάκια, όσο είναι μικρά, έχουν μανία να σκίζουν τα βιβλία πριν καλά καλά τα ξεφυλλίσουν. Εδώ είναι πολύ χρήσιμα τα παλιά βιβλία. Θα πρέπει να τους εξηγήσετε ότι δεν πρέπει να το κάνουν αυτό, όχι όμως με τη μορφή τιμωρίας, θα πρέπει να το κάνετε σιγά σιγά με τους παρακάτω τρόπους:

-Τοποθετείστε στη βιβλιοθήκη του το πολύ 4-5 παλιά βιβλία όχι παραπάνω και κάθε φορά θα του δίνετε ένα βιβλίο, όχι όλα μαζί.

-Όταν θα σκίζει ένα βιβλίο, πείτε του ότι το πετάτε και εξαφανίστε το. Έτσι σκίζοντας τα και εφόσον θα έχει λίγα στη βιβλιοθήκη του κάποια στιγμή θα τελειώσουν.

-Φτιάξτε κάτι πολύ έξυπνο. Μαζέψτε όλα τα κομμάτια που έχει σκίσει από τα βιβλία και κολλήστε τα σ' ένα τετράδιο σαν κολάζ και ονομάστε το «το λυπημένο βιβλίο» (βλ. Ιστοριούλες-παραμύθια- θεατρικά σκετς). Αυτό θα είναι το πρώτο βιβλίο που θα του δώσετε μετά το σκίσιμο, εξηγώντας του γιατί το λένε λυπημένο βιβλίο.

Όταν διαλέγετε βιβλία για το παιδί πάντα να προσέχετε να έχουν καθαρές εικόνες και έντονα ωραία χρώματα για να τους τραβούν την προσοχή και να θέλουν να τα εξερευνήσουν. Και μην ξεχνάτε, ένα βιβλίο είναι το καλύτερο δώρο!

ΓΕΝΕΘΛΙΑ - ΠΑΙΔΙΚΟ ΠΑΡΤΙ
ΠΩΣ ΝΑ ΤΟ ΟΡΓΑΝΩΣΕΤΕ

Τα γενέθλιά του έφτασαν, το αγγελούδι σας μεγάλωσε! Καιρός να του οργανώσετε ένα αξέχαστο παιδικό πάρτι!

Αρχικά, φτιάξτε τις προσκλήσεις: Μια πρωτότυπη ιδέα είναι μέσα στην πρόσκληση να γράψετε το πρόγραμμα των γενεθλίων, όλα όσα δηλαδή έχετε ετοιμάσει για εκείνη την ημέρα. (Σας δίνω εικόνες στο www.kathe-mera-mama.gr).

Όταν η μεγάλη μέρα φτάσει, ο χώρος διεξαγωγής του πάρτι πρέπει να διαμορφωθεί αναλόγως! Εξαφανίστε οτιδήποτε επικίνδυνο και μικροσκοπικό αντικείμενο, ενώ αν υπάρχει τραπεζάκι με καρέκλες καλύτερα να το βγάλετε για να έχουν τα παιδάκια περισσότερο χώρο για παιχνίδι. Στρώστε στο πάτωμα μια απλή μοκέτα και αραδιάστε γύρω γύρω μαξιλαράκια. Στο χερούλι της πόρτας κρεμάστε μια μεγάλη χρωματιστή σακούλα για τα σκουπίδια ενώ σε μια άλλη σακούλα ή κούτα μπορείτε να έχετε συγκεντρωμένα όλα τα ομαδικά παιχνίδια. Δείτε πολλές ιδέες παιχνιδιών για παιδικό πάρτι στις «έξυπνες λύσεις-παιχνίδια» (www.kathe-mera-mama.gr). Φυσικά, από κανένα πάρτι δεν μπορεί να λείπει η μουσική και ο χορός!

Όσον αφορά το φαγητό των παιδιών, αποφύγετε τους μπουφέδες γιατί εκτός του ότι δεν τρώνε τίποτα και τα σκορπάνε, υπάρχει κίνδυνος να τα μπερδεύουν και να τρώει ο ένας από το πιάτο του άλλου. Το καλύτερο που έχετε να κάνετε είναι να αγοράσετε τσαντάκια χάρτινα ή σακουλάκια και να ετοιμάσετε σαντουϊτσάκια, τριγωνάκια ή καρδούλες, ή σε ό,τι σχήμα θέλετε εσείς, με ψωμί του τοστ. (Θα βρείτε συνταγή στις «Συνταγές για μωράκια»). Στη συνέχεια, τυλίξτε τα με μεμβράνη και βάλτε τα μέσα μαζί με έναν μικρό χυμούλη. Έτσι, μπορείτε να τα έχετε έτοιμα από νωρίς!

Για την τούρτα χρησιμοποιήστε τα διάφανα πλαστικά μπολάκια μιας χρήσης (με ή χωρίς καπάκι) και όχι τα πιατάκια, γιατί τις περισσότερες φορές η τούρτα καταλήγει στο χαλί. Αν θέλετε να έχετε πατατάκια και γαριδάκια, μπορείτε να αγοράσετε μικρά σακουλάκια και να τα βάλετε μαζί με τα σαντουϊτσάκια.

Για τους γονείς μπορείτε να κάνετε μπουφέ με μικρές λιχουδιές (finger food, στις Συνταγές) (www.kathe-mera-mama.gr) και να χρησιμοποιήσετε πιάτα και ποτήρια μιας χρήσης.

Και τέλος, εντυπωσιάστε τους καλεσμένους σας, κλείνοντας το πάρτι με ένα ωραίο κουκλοθέατρο για μικρούς και μεγάλους. Καλά να περάσετε!

ΚΑΛΟΚΑΙΡΙΝΕΣ ΔΙΑΚΟΠΕΣ ΜΕ ΤΟ ΜΩΡΟ ΣΑΣ ΟΛΑ ΟΣΑ ΘΑ ΧΡΕΙΑΣΤΕΙΤΕ ΓΙΑ ΗΛΙΚΙΕΣ 2 ΜΗΝΩΝ - 2,5 ΧΡΟΝΩΝ

Το καλοκαίρι έφτασε και οι διακοπές σας πλησιάζουν, σίγουρα σας φαίνεται πολύ δύσκολο να πάτε διακοπές με το μωράκι σας. Δε χρειάζεται τίποτα άλλο από μια σωστή οργάνωση για να το απολαύσετε. Κάτι πολύ βασικό: φτιάξτε την «έξυπνη λίστα». (Βλέπε χρήσιμες συμβουλές)

Καταρχήν θα πρέπει να έχετε μια ξεχωριστή βαλίτσα για τα πράγματα του μωρού.

Ρουχισμός
-βρακάκια - φανελάκια βαμβακερά (ανάλογα με τις μέρες που θα μείνετε).
-σορτs – φορμάκια – κολάν – φουστανάκια – παντελονάκια - μπλουζάκια βαμβακερά και δροσερά
-ένα ζευγάρι φόρμες – ζακετούλα - μπουφανάκι λεπτό.
-πάνες αγκαλιάς
-παπουτσάκια - παντοφλάκια ελαφριά και άνετα.
-μερικά ζευγάρια καλτσάκια
-καπελάκια – κορδέλες – κοκκαλάκια
-φυλαχτό – ματάκι.

Παιχνίδια
Μπάλες – αυτοκινητάκια – κουκλάκια – παραμυθάκια - κουβαδάκια

Είδη μπάνιου και περιποίησης
-αφρόλουτρο - σαμπουάν
-ενυδατική - baby oi l- αμυγδαλέλαιο
-σφουγγαράκι
-2 μπουρνουζοπετσέτες
-μπατονέτες ασφαλείας

Κάθε μέρα μαμά!

-ψαλιδάκι - χτένα
-πάνες (πάμπερs)
-οδοντόκρεμα - οδοντόβουρτσα
-κρέμα για το σύγκαμα
-μια μικρή λεκάνη
-γιογιό ταξιδίου

Για το σαμπουάν, το αφρόλουτρο, τις κρέμες είναι βολικές οι μικρές συσκευασίες ή μπορείτε να αγοράσετε άδεια μικρά μπουκαλάκια και να τα γεμίσετε μόνοι σας.

Πράγματα για τον ύπνο
-μαξιλαράκι
-2-3 σεντονάκια
-2-3 σελτεδάκια
-μία πικέ κουβερτούλα
-λαμπάκι νυκτός
-ενδοεπικοινωνία, αν χρησιμοποιείτε
-πιπίλεs
-κουνουπιέρα
-συσκευή για τα κουνούπια
-αντικουνουπικό
-2-3 κουκλάκια με μουσική

Πράγματα για το φαγητό του
-Βραστήραs
-μπιμπερό - συσκευή αποστείρωσηs
-μπλέντερ
-μπολάκια – ποτηράκι - κουταλάκι
-γάλα – κρέμεs - χαμομήλι
-σαλιάρες
-καθισματάκι φαγητού (ταξιδίου)

Φάρμακα
-παυσίπονο- αντιπυρετικό
-κρέμα για τσιμπήματα

-κρέμα για χτυπήματα- γδαρσίματα
-αλοιφή για τα δοντάκια (αν χρησιμοποιείτε)
-1 μικρό betadin
-1 μικρό οινόπνευμα
-φυσιολογικό ορό
-βαμβάκι
-θερμόμετρο
-hansaplast

Τσάντα θαλάσσης

Μαγιώ, πετσέτες, μπλουζάκια, βρακάκια, πάνες, μωρομάντηλα, αντισηπτικά μαντηλάκια, καπέλο, πιπίλα, νερό, κρέμα για τσιμπήματα, αντηλιακό, παππουτσάκια για τη θάλασσα, μια μεγάλη ψάθα, ομπρέλα, σωσίβιο, κουβαδάκια - φτυαράκια.

Θα βοηθούσε πολύ μια μικρή φουσκωτή πισινούλα για να τη γεμίζετε με λίγο νερό η άμμο. Το βάζετε να παίζει εκεί μέσα και είστε πιο άνετοι.

ΠΡΟΣΟΧΗ ΣΤΗ ΘΑΛΑΣΣΑ!
ΣΥΜΒΟΥΛΕΣ ΓΙΑ ΑΤΥΧΗΜΑΤΑ

Πρέπει να είστε πολύ προσεκτικοί στη θάλασσα με το παιδί σας.

Αν είναι πολύ μικρό, πάρτε του ένα σωσίβιο που έχει τρυπούλες για τα ποδαράκια του και κολυμπήστε μαζί του, ποτέ μόνο του και ποτέ στην αγκαλιά σας γιατί υπάρχει κίνδυνος να σας γλιστρήσει.

Μπορείτε βέβαια να χρησιμοποιήσετε και φουσκωτή βαρκούλα, αλλά με το σωσίβιο θα μάθει να κουνάει τα ποδαράκια του.

Πολλά μωράκια δε θέλουν να μπουν στη θάλασσα και κλαίνε. Καλό είναι να μην το βάζετε με το ζόρι, προσπαθήστε να το ξεγελάσετε, να καθίσετε μαζί του στην άκρη της θάλασσας γεμίζοντας ένα κουβαδάκι με νερό και αφήστε το να βραχεί μόνο του σιγά σιγά ενώ εσείς θα μπαίνετε όλο και πιο μέσα. Θα πρέπει να αγαπήσει τη θάλασσα και όχι να τη φοβηθεί.

Μέσα στο σωσίβιο του ή την βαρκούλα ρίξτε του μπαλάκια και διάφορα παιχνιδάκια για να παίζει όπως κάνει στο μπάνιο του.

Στα μεγαλύτερα παιδάκια χρησιμοποιήστε μπρατσάκια, είτε αυτά που μπαίνουν στα χέρια είτε τα νέου τύπου, που πιάνουν και την κοιλιά (βλ. amazon) και δείξτε του πώς να κουνάει χέρια - πόδια. Πάντα πρέπει να είστε δίπλα του, ποτέ μη το αφήνετε μόνο του. Μην του δίνετε μπάλα μέσα στη θάλασσα γιατί μπορεί να την παρασύρει το νερό μακριά και να προσπαθήσει να την πιάσει.

Μάθετέ του να κρατάει το στόμα του κλειστό, μιμούμενοι τις αγελάδες. Μπορείτε επίσης να του υποδείξετε όρια, από πού μέχρι πού να κολυμπάει ενώνοντας μακαρόνια κολύμβησης. Αν το βάλετε να καθίσει στην άκρη της θάλασσας φτιάξτε μπροστά του ένα εμπόδιο με πέτρες για να μην μπορεί να το παρασύρει το νερό προς τα μέσα. Παίξτε μαζί του στο νερό, πιάστε τα χεράκια του και κάντε γύρω - γύρω, χτυπήστε με τα χέρια σας το νερό, κολυμπήστε κοντά σε άλλα παιδάκια, πάντα με προσεκτικές και ήπιες κινήσεις και όχι απότομες. Μην αφήνετε ένα άλλο παιδί να προσέχει το δικό σας γιατί αν συμβεί κάτι δε θα φταίει εκείνο αλλά εσείς.

Και φυσικά, δεν ξεχνάμε ποτέ ότι όταν το παιδί είναι στη θάλασσα είναι εκτεθειμένο στον ήλιο γι' αυτό φορέστε του μπλουζάκι, καπέλο και αντηλιακό.

Προσοχή λοιπόν! Τα μάτια σας δεκατέσσερα!

Κάθε μέρα μαμά!

ΠΑΙΧΝΙΔΙΑ ΠΟΥ ΜΠΟΡΕΙΤΕ ΝΑ ΠΑΙΞΕΤΕ ΜΕ ΤΟ ΜΩΡΟ ΣΑΣ ΣΤΙΣ ΔΙΑΚΟΠΕΣ

Για τα πολύ μωράκια

1. Καθίστε όλοι μαζί στην αμμουδιά και ανοίξτε μια λακκούβα, πάρτε από ένα μπαλάκι και αρχίστε να τα πετάτε μέσα.
2. Μαζέψτε μερικές πετρούλες και γεμίστε ένα κουβαδάκι με νερό και αρχίστε να τις ρίχνετε μέσα, να κάνουν «μπλουμ».
3. Κρύψτε ένα παιχνιδάκι στην άμμο και ψάξτε να το βρείτε.
4. Πάρτε ένα μικρό μπαλόνι και γεμίστε το με νερό. Δέστε το, ζουλήξτε το και προσπαθήστε να το σκάσετε: αυτό το παιχνίδι τους ξετρελαίνει!

Για δύο χρονών και πάνω

1. Μόλις ξυπνήσετε το πρωί μπορείτε να παίξετε όλοι μαζί το παιχνίδι «ο κόκορας λέει». Ο μπαμπάς θα κάνει τον κόκορα και θα λέει τι πρέπει να κάνετε: Ο κόκορας λέει:
   -να σηκωθείτε και να πάτε να πλυθείτε.
   -να φάτε, να βάλετε μαγιώ κ.α.
2. Κρύψτε όλοι τα πόδια σας στην άμμο και βρείτε τα. Ο πιο γρήγορος κερδίζει.
3. Δέστε του τα μάτια με ένα μαντήλι και αφήστε το να αγγίξει το πρόσωπο το δικό σας ή του μπαμπά του και να βρει ποιος είναι.
4. Πάρτε από ένα ποτηράκι μιας χρήσεως, γεμίστε το με βρεγμένη άμμο και φτιάξτε πυργάκια. Όποιος κάνει τα περισσότερα κερδίζει.

5. Δέστε ένα σχοινί από την ομπρέλα ως την καρέκλα, φουσκώστε και ένα μπαλόνι και αρχίστε να το πετάτε πάνω από το σχοινί σαν να παίζετε βόλεϊ.

6) Πάρτε από ένα σακουλάκι ο καθένας και μαζέψτε πετρούλες. Κερδίζει όποιος μαζέψει τις περισσότερες.

7) Κάντε αγώνες ποιος θα φτάσει πρώτος από την ομπρέλα στη θάλασσα

Χαλαρώστε - παίξτε - διασκεδάστε!

ΚΑΛΕΣ ΔΙΑΚΟΠΕΣ!

ΧΡΗΣΙΜΕΣ ΣΥΜΒΟΥΛΕΣ

ΠΩΣ ΝΑ ΑΠΟΦΥΓΕΤΕ ΝΑ ΛΕΡΩΝΕΣΤΕ ΟΤΑΝ ΠΑΙΡΝΕΤΕ ΤΟ ΝΕΟΓΕΝΝΗΤΟ ΑΓΚΑΛΙΑ

Σε καμιά μας δεν αρέσει να λερώνει τα φρεσκοπλυμένα ρούχα της, μόλις πάρουμε το μωράκι μας αγκαλιά, ιδίως όταν είμαστε έξω από το σπίτι και δεν έχουμε τη δυνατότητα να αλλάξουμε άμεσα.

Μπορείτε να φτιάξετε από μια μεγάλη φανελένια πάνα του μωρού ένα μπολερό-ζακετάκι δένοντας τις δυο άκρες από τη μια πλευρά και τις δυο άκρες από την άλλη πλευρά. Μ' αυτόν τον τρόπο φτιάχνετε μανίκια και τη φοράτε. Μπορείτε από πάνω να ρίξετε και μια πετσέτα όταν θα το βάζετε να ρευτεί, επίσης με την πάνα δε θα σας γλιστράει το μωράκι σας!

ΠΩΣ ΝΑ ΚΑΘΑΡΙΣΕΤΕ ΚΑΛΑ ΤΟ ΜΩΡΑΚΙ ΣΑΣ ΑΠΟ ΤΑ ΚΑΚΑ ΤΟΥ ΟΤΑΝ ΕΙΣΤΕ ΚΑΠΟΥ ΕΞΩ

Αν έχει λερωθεί πολύ το μωράκι σας από τα κακά του και βρίσκεστε κάπου έξω και δεν μπορείτε να το πλύνετε, καλό είναι να έχετε πάντα μαζί σας βαμβάκι και baby oil. Βάλτε λίγη ποσότητα στο βαμβάκι και καθαρίστε το σχολαστικά. Έτσι, δεν το ερεθίζετε και διατηρείτε η περιοχή μαλακή. Εννοείται ότι πρώτα έχετε καθαρίσει τα πολλά μ' ένα μωρομάντηλο.

ΠΩΣ ΝΑ ΚΑΘΑΡΙΣΕΤΕ ΤΑ ΠΑΙΧΝΙΔΙΑ ΤΟΥ ΜΩΡΟΥ ΣΑΣ

Βάλτε σ' ένα μπολ ζεστό νερό και ρίξτε σ' αυτό λίγο από το αφρόλουτρο του μωρού μαζί με 4-5 σταγόνες λεμόνι. Με ένα πανάκι βουτηγμένο σ' αυτό, καθαρίστε τα σχολαστικά. Μέχρι να γίνει ενός έτους, καλό είναι να τα καθαρίζετε μια φορά την ημέρα.

ΤΙ ΝΑ ΚΑΝΕΤΕ ΑΝ ΤΟ ΜΩΡΟ ΣΑΣ ΠΕΣΕΙ ΚΑΙ ΧΤΥΠΗΣΕΙ ΣΤΟ ΚΕΦΑΛΙ

Καταρχήν διατηρείστε την ψυχραιμία σας. Το μωρό στην αρχή θα τρομάξει, θα κλαίει ασταμάτητα και μπορεί να κάνει και εμετό. Αυτός ο εμετός δεν έχει σχέση με τυχόν διάσειση. Συνήθως ο εμετός που υποδηλώνει διάσειση έρχεται μετά από μια ώρα. Πάρτε το στην αγκαλιά σας και ηρεμήστε το. Στο σημείο που χτύπησε βάλτε λίγο βιτάμ, έχει την ιδιότητα να μαλακώνει το σημείο και να μην το αφήνει να φουσκώνει και να μελανιάζει.

Πολύ καλό επίσης είναι να έχετε πάντα στο ψυγείο σας ένα μπουκάλι αλουμινόνερο (το αγοράζετε από το φαρμακείο). Βάζετε σε ένα βαμβακάκι και πιέζετε το σημείο για 5 λεπτά. Έτσι ούτε θα πρηστεί, ούτε θα μελανιάσει. Για να βεβαιωθείτε ότι δεν έχει πάθει διάσειση, θα πρέπει να παρατηρήσετε τις αντιδράσεις του, τον ύπνο του, την όρεξη του, το βλέμμα του. Εκείνη την ημέρα θα πρέπει να το ξυπνάτε κάθε 2 ώρες. Συνήθως όταν παθαίνει διάσειση το βλέμμα του δεν είναι σταθερό, δεν έχει όρεξη, ζαλίζεται και θέλει συνέχεια να κοιμάται. Στα παιδάκια που περπατούν παρατηρείται μια αστάθεια στο βάδισμα τους. Αν δεν μπορείτε να ησυχάσετε την επόμενη μέρα επισκεφτείτε τον παιδίατρό σας. Η ακτινογραφία καλό θα ήταν να είναι η τελευταία επιλογή σας.

ΠΩΣ ΝΑ ΒΟΗΘΗΣΕΤΕ ΤΟ ΜΩΡΑΚΙ ΣΑΣ ΝΑ ΚΑΘΙΣΕΙ

Από τον 5ο μήνα και μετά, πρέπει σιγά-σιγά να βάζετε το μωράκι σας να κάθεται, στην αρχή για δέκα λεπτά, μετά για δεκαπέντε, έως και μισή ώρα. Αρχικά, το κρατάτε λίγο καθιστό στην αγκαλιά σας ή το στηρίζετε στον καναπέ με δυο μαξιλαράκια κάτω από τις μασχάλες του, πάντα υπό την επίβλεψη σας.

Μια έξυπνη λύση είναι και η πατέντα που σας δείχνω στο http://www.kathe-mera-mama.gr/, την οποία μπορείτε να την φτιάξετε μόνες σας ή σε μια μοδίστρα ή να την αγοράσετε (κυκλοφορεί στο εμπόριο).

ΤΙ ΝΑ ΒΑΖΕΤΕ ΣΤΑ ΝΥΧΑΚΙΑ ΤΩΝ ΝΕΟΓΕΝΝΗΤΩΝ ΓΙΑ ΝΑ ΜΗ ΓΡΑΤΖΟΥΝΙΟΥΝΤΑΙ

Τα μαλακώνετε τρίβοντας τα με αμυγδαλέλαιο. Εκείνα είναι τόσο τρυφερά που μαλακώνουν και κόβονται μόνα τους. Το ίδιο κάνετε και στα νυχάκια των ποδιών.

ΠΩΣ ΝΑ ΔΙΑΠΙΣΤΩΣΕΤΕ ΑΝ ΤΟ ΠΑΙΔΙ ΣΑΣ ΕΧΕΙ ΠΛΑΤΥΠΟΔΙΑ

Βάψτε με λίγη δαχτυλομπογιά τις πατούσες του και βάλτε το να πατήσει σε ένα λευκό χαρτί, να αφήσει δηλαδή το αποτύπωμά του. Αν δεν έχει πρόβλημα η πατούσα του δεν θα αποτυπώνεται ολόκληρη, στο μέρος της καμπύλης θα είναι κενό.

ΤΟ ΚΑΛΥΤΕΡΟ ΑΝΤΙΣΗΠΤΙΚΟ, ΜΕΤΑ ΤΗ ΘΑΛΑΣΣΑ, ΓΙΑ ΝΑ ΑΠΟΦΥΓΕΤΕ ΤΙΣ ΟΥΡΟΛΟΙΜΩΞΕΙΣ

Φτιάξτε ένα διάλυμα: Βράστε χαμομήλι(2 κουτ. της σούπας) σε 1 λίτρο νερό, σουρώστε το και διαλύστε μέσα σ' αυτό όσο είναι ζεστό 1 κοφτό κουταλάκι του γλυκού σόδα φαγητού. Φυλάξτε το σε ένα μπουκάλι και ξεπλύνετε με αυτό τα γεννητικά όργανα του παιδιού σας μετά από τη θάλασσα, μπορείτε να χρησιμοποιήσετε το ίδιο διάλυμα για 2-3 μέρες. Το ίδιο αντισηπτικό μπορείτε να το χρησιμοποιήσετε και για γαργάρες από το στόμα, για προφύλαξη από αμυγδαλίτιδα και στοματίτιδα.

ΦΤΙΑΞΤΕ ΤΗΝ ΕΞΥΠΝΗ ΛΙΣΤΑ

Όταν είναι να πάτε διακοπές ή ένα ταξίδι με το μωράκι σας ή και μόνη σας, φτιάξτε μια λίστα σε ένα χαρτί με όσα θα χρειαστείτε. Γράψτε δύο φορές το κάθε πράγμα, όταν θα ετοιμάζεστε για να πάτε, σβήστε το μια φορά και πάρτε τη λίστα μαζί σας. Όταν θα ετοιμάζεστε για να επιστρέψετε σβήστε τα για δεύτερη φορά. Μ' αυτόν τον τρόπο δε θα ξεχνάτε πράγματα ούτε όταν πηγαίνετε, ούτε όταν φεύγετε.

ΠΩΣ ΝΑ ΕΧΕΤΕ ΠΑΝΤΑ ΛΑΜΠΕΡΟ ΠΡΟΣΩΠΟ (ΜΑΓΙΚΗ ΣΥΝΤΑΓΗ)

Σε ένα βαζάκι βάλτε 1/2 φλυτζανάκι του καφέ σπαθόλαδο και μια κουταλιά της σούπας ζάχαρη. Ανακατέψτε και κάνετε μ' αυτό μασάζ στο πρόσωπο σας: Η ζάχαρη δε λιώνει και κάνετε ένα τέλειο peeling! Το κάνετε κάθε βράδυ, ξεπλένετε με σκέτο νερό και σκουπίζεστε με λίγο μαλακό χαρτί κουζίνας. Θα καθαρίσει τέλεια το πρόσωπο σας και θα μείνει ενυδατωμένο. Καθαρίζει και τις διχρωμίες στο πρόσωπο. Δοκιμάστε και θα δείτε!

ΤΙ ΝΑ ΚΑΝΕΤΕ ΟΤΑΝ ΝΟΙΩΘΕΤΕ ΤΗΝ ΕΠΙΔΕΡΜΙΔΑ ΣΑΣ ΝΑ ΤΡΑΒΑΕΙ

Φτιάξτε την εξής μάσκα:
Σε ένα μπολ λιώστε 1 μπανάνα, προσθέστε 1 κουτ. της σούπας μέλι και 2 κουτ. της σούπας γάλα, ανακατέ-

ψετε καλά και απλώστε την σε καθαρό δέρμα για 15 λεπτά. Ξεπλένετε με χλιαρό νερό. Καλό είναι να τη βάζετε 2 φορές την εβδομάδα.

ΠΩΣ ΝΑ ΜΑΥΡΙΣΕΤΕ ΟΜΟΡΦΑ ΚΑΙ ΓΡΗΓΟΡΑ

Βάλτε σε ένα μπουκάλι με ψεκαστήρα χυμό μήλου και ψεκαστείτε μ' αυτό πριν την ηλιοθεραπεία.

ΠΩΣ ΝΑ ΑΝΑΚΟΥΦΙΣΤΕΙΤΕ ΑΝ ΚΑΕΙΤΕ ΑΠΟ ΤΟΝ ΗΛΙΟ ΚΑΙ ΣΤΟ ΠΡΟΣΩΠΟ ΚΑΙ ΣΤΟ ΣΩΜΑ

Λιώστε λίγη μαγιά σε χλιαρό νερό, να γίνει μια παχιά ζύμη και απλώστε στα σημεία που έχουν καεί για 15 λεπτά. Ξεπλένετε με χλιαρό νερό. Θα ανακουφιστείτε.

ΠΩΣ ΝΑ ΠΑΡΕΤΕ ΤΙΣ ΑΣΧΗΜΕΣ ΜΥΡΩΔΙΕΣ ΑΠΟ ΤΟ ΨΥΓΕΙΟ ΣΑΣ ΚΑΙ ΠΩΣ ΝΑ ΤΟ ΑΡΩΜΑΤΙΣΕΤΕ ΜΕ ΟΜΟΡΦΕΣ ΜΥΡΩΔΙΕΣ

Βάλτε σε ένα φίλτρο καφέ 2 κουταλιές της σούπας ελληνικό καφέ και δέστε το με ένα λαστιχάκι. Τοποθετείστε το στο κέντρο του ψυγείου και οι μυρωδιές θα εξαφανιστούν. Ένας άλλος τρόπος είναι να βάλετε σε ένα σφηνοπότηρο 1 κουταλάκι του γλυκού σόδα φαγητού και να ρίξτε από πάνω 4-5 σταγόνες χυμό λεμονιού για να αφρίσει.

Βάλτε το στο ψυγείο και αυτό αυτόματα θα απορροφήσει όλες τις άσχημες μυρωδιές.

Για να αρωματίσετε τώρα το ψυγείο σας, βάλτε σε ένα τούλι 2-3 ξυλάκια κανέλας και δέστε τα με ένα κορδονάκι, τοποθετείστε στο ψυγείο σας και όταν θα το ανοίγετε θα αναπνέετε το υπέροχο άρωμα κανέλας. Άλλη λύση πάλι είναι να βάλετε σε διάφορα σημεία ανοιχτά βαζάκια βανίλιας που βάζουμε στα γλυκά ή ακόμα καλύτερα αυθεντικά ξυλάκια βανίλιας.

Όλα αυτά θέλουν τουλάχιστον μια φορά το μήνα ανανέωση και για να έχουν καλύτερη δράση, θα πρέπει να καθαρίζετε το ψυγείο σας με φυσικό τρόπο χωρίς να χρησιμοποιείτε χημικά προϊόντα, χρησιμοποιείστε καλύτερα νερό με ξύδι και σόδα φαγητού.

ΠΩΣ ΝΑ ΚΑΝΕΤΕ ΠΙΟ ΕΥΚΟΛΗ ΤΗ ΜΕΤΑΒΑΣΗ ΑΠΟ ΤΟ ΜΠΙΜΠΕΡΟ ΣΤΟ ΠΟΤΗΡΙ

Κάποια στιγμή θα πρέπει το παιδί να σταματήσει να χρησιμοποιεί το μπιμπερό για το γάλα του και να χρησιμοποιεί το ποτήρι. Τα περισσότερα παιδιά αντιδρούν σ' αυτή την αλλαγή και αρχίζουν να μη πίνουν όλο το γάλα τους. Για να τους κεντρίσετε λοιπόν το ενδιαφέρον χρησιμοποιείστε ένα διάφανο ποτήρι για το γάλα του και κολλήστε ένα αυτοκόλλητο ή μια εικόνα και περισσότερα από ένα ανάποδα έξω από το ποτήρι (η πρόσοψη της εικόνας να φαίνεται μέσα από το ποτήρι μόλις αδειάσει). Μ' αυτόν τον τρόπο πίνει το παιδί το γάλα του ευχάριστα για ν' ανακαλύψει τι κρύβεται πίσω από αυτό. Αυτό το κόλπο μπορείτε να το χρησιμοποιήσετε και για το φαγητό του σε διάφανο πιάτο και να κολλήσετε αυτοκόλλητο στον πάτο του πιάτου.

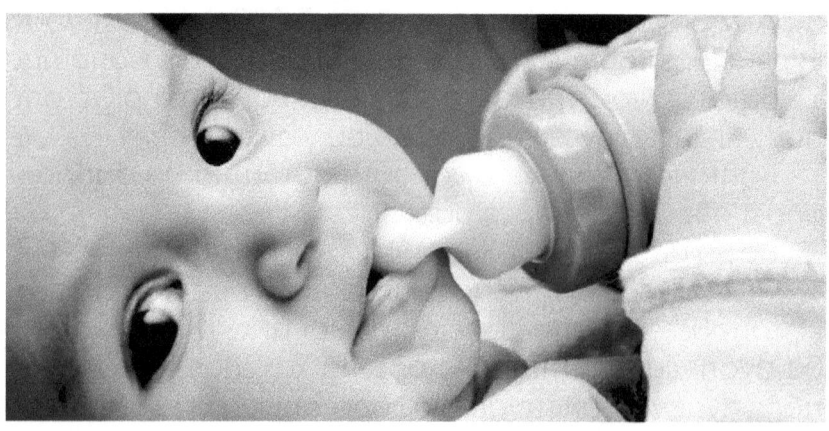

ΠΩΣ ΝΑ ΜΑΘΕΤΕ ΤΑ ΠΑΙΔΙΑ ΣΑΣ ΝΑ ΔΕΝΟΥΝ ΤΑ ΚΟΡΔΟΝΙΑ ΤΟΥΣ

Φτιάξτε την εξής κατασκευή:

Σε ένα χαρτόνι ζωγραφίστε ένα ζευγάρι παπούτσια και κάντε τρύπες. Μέσα από αυτές, περάστε κορδόνια. (Βλ. www.kathe-mera-mama.gr).

Δείξτε του πως να τα δένει και παίξτε μαζί του το παιχνίδι «ποιος θα δέσει πρώτος τα κορδόνια του».

ΠΩΣ ΘΑ ΟΡΓΑΝΩΣΕΤΕ ΣΩΣΤΑ ΤΟ ΓΡΑΦΕΙΟ ΤΟΥ ΝΕΟΥ ΜΑΘΗΤΗ

Η νέα σχολική χρονιά ήδη ξεκίνησε και πλέον το γραφείο του μικρού μαθητή αποκτά κυρίαρχο ρόλο στην καθημερινότητά του. Πώς όμως θα εξασφαλίσετε τα καλύτερα δυνατά αποτελέσματα χωρίς να ταλαιπωρείται το παιδί; Μερικά βασικά πράγματα που καλό είναι να προσέξετε είναι τα εξής:

-Φροντίστε ο χώρος που βρίσκεται το γραφείο του, να φωτίζεται καλά. Εκτός από το παράθυρο, καλό είναι, να υπάρχει μια λάμπα με σωστό φως και σε σημείο που να μην τυφλώνει τα μάτια του.
-Τα καλώδια και οι πρίζες δεν πρέπει να είναι εκτεθειμένα.
-Χρησιμοποιείστε προστατευτική μεμβράνη για την οθόνη του υπολογιστή.
-Φροντίστε να μην έχετε πάνω στο γραφείο περιττά πράγματα, όπως διακοσμητικά. Προτιμήστε μια απλή μολυβοθήκη, ένα μικρό ρολόι και μια καρτέλα με το πρόγραμμα της εβδομάδας.

Όσον αφορά στα συρτάρια:

-Στο κάτω συρτάρι θα Βάλετε όλα τα τετράδια που θα χρησιμοποιείτε την φετινή σχολική χρονιά. Στο μεσαίο τα τετράδια, τον φάκελο με τις εργασίες και τα Βιβλία της ημέρας. Στο πάνω συρτάρι σβήστρες, μολύβια, ξύστρες κλπ.
-Όλα τα Βιβλία Βάλτε τα σε ένα ράφι της Βιβλιοθήκης.
-Στο πλάι του γραφείου, κρεμάστε από τη μια πλευρά έναν μαυροπίνακα και από την άλλη ένα αριθμητήριο.
-Φροντίστε η καρέκλα να είναι στο σωστό ύψος και ανατομική.
-Δίπλα στο γραφείο Βάλτε ένα δοχείο για σκουπίδια-χαρτιά.
-Οι τοίχοι να είναι Βαμμένοι με απαλά χρώματα και χωρίς πολλές φιγούρες που του αποσπούν τη προσοχή.
-Επίσης, συνήθως Βοηθάει πολύ να του Βάζετε κάποια ήρεμη μουσική.
-Να μην είναι δίπλα του τα παιχνίδια, καλύτερα Βάλτε τα σε κάποιον άλλο χώρο.

ΠΡΩΤΗ ΧΡΟΝΙΑ ΣΤΟ ΣΧΟΛΕΙΟ
ΤΡΟΠΟΙ ΓΙΑ ΝΑ ΒΟΗΘΗΣΕΤΕ ΤΟ ΠΑΙΔΙ ΣΑΣ

Το αγγελούδι σας μεγάλωσε και ξεκινά το σχολείο, πρώτη χρονιά-πρώτη τάξη!

Άραγε θα μάθει να διαβάζει; Θα μάθει να γράφει; Θα τα καταφέρει; Θα συνεργαστεί με τον δάσκαλο και με τους συμμαθητές του;

Σίγουρα αυτά είναι ερωτήματα που απασχολούν πολλούς γονείς.

Για να είναι εφικτά όλα αυτά θα πρέπει να συνεργαστεί «το σπίτι» με «το σχολείο», δηλαδή οι δάσκαλοι με τους γονείς.

Οι γονείς θα πρέπει να επικοινωνήσουν με τους δασκάλους και να τους δώσουν σημαντικές πληροφορίες για τα παιδιά τους, για να μπορέσουν να τα χειριστούν καλύτερα. Ακόμα θα πρέπει να εφαρμόζουν κάποια βασικά πράγματα για το παιδί τους:

-Να φροντίζουν να τρέφεται σωστά.

-Να κοιμάται όσο πρέπει.

-Να του δείχνουν τον χρόνο του, πόσες ώρες πρέπει να διαβάζει και πόσες ώρες πρέπει να παίζει.

-Να ελέγχουν καθημερινά την τσάντα του.

-Να συζητούν μαζί τους καθημερινά για τα όσα συμβαίνουν στο σχολείο.

Οι δάσκαλοι από την άλλη, θα πρέπει να ενημερώνουν τους γονείς για οτιδήποτε συμβαίνει και όσον αφορά τα μαθήματα να τους καθοδηγούν. Γι' αυτό γίνονται συναντήσεις δασκάλων –γονέων, αλλά επειδή πολλές φορές δεν είναι έγκαιρη η ενημέρωση, θα πρέπει οι γονείς να σημειώνουν όσα θέλουν να ρωτήσουν για να είναι ανά πάσα στιγμή έτοιμοι σ' αυτές τις συναντήσεις.

«Όταν τα παιδιά αντιλαμβάνονται ότι το σχολείο και το σπίτι συνεργάζονται αρμονικά, νιώθουν πιο ασφαλή, καθώς οι δυο κόσμοι τους ενώνονται» (Dodge & Colker 1998).

Σημειώστε σ' ένα χαρτί όλες τις λέξεις που έχει μάθει στο σχολείο και παίξτε μ' αυτές.

Μπορείτε να τις παίξετε κρεμάλα, να τις κάνετε αινιγματάκια και με μια κλεψύδρα να του ζητάτε να σας βρει όσα πιο πολλά μπορεί, πχ. είναι κόκκινο και χειμωνιάτικο φρούτο. Τι είναι; (Το μήλο).

Μπορείτε επίσης να του λέτε ένα γράμμα της αλφαβήτου και να του ζητάτε να σας γράψει μια λέξη που γνωρίζει από αυτό το γράμμα.

Ακόμη να του δώσετε ένα κείμενο ή παραμύθι και να του ζητήσετε να σας βρει μια λέξη που είναι γραμμένη σ' αυτό (πχ. γάτα).

ΕΞΥΠΝΟΙ ΤΡΟΠΟΙ ΓΙΑ ΝΑ ΜΗ ΒΑΡΙΕΤΑΙ ΤΟ ΠΑΙΔΙ ΣΑΣ ΤΑ ΠΑΙΧΝΙΔΙΑ ΤΟΥ

Μπορείτε να χωρίσετε τα παιχνίδια του σε δυο καλάθια και κάθε μήνα θα του τα αλλάζετε (τον ένα μήνα το ένα καλάθι, τον άλλο μήνα το άλλο) εναλλάξ. Αν νομίζετε ότι βαριέται πιο γρήγορα αλλάξτε τα ανά 15 μέρες.

Επίσης βοηθάει πολύ να του τα αλλάζετε θέση. Δημιουργήστε σε διάφορους χώρους στο σπίτι σας, μικρές γωνιές για το παιδί σας με μαξιλάρια, τραπεζάκια, στρωματάκια, καρεκλάκια κ.ά. Φτιάξτε μια γωνιά με κουζινικά, μια γωνια με παζλ, μια γωνιά με μπλοκ και μπογιές, μια γωνιά με αυτοκινητάκια και ό,τι άλλο σκεφτείτε.

Παίξτε κι εσείς μαζί του, γίνετε και πάλι παιδί, παίξτε κούκλες, αυτοκινητάκια, κουζινικά, κρυφτό, κυνηγητό, μιμηθείτε ζωάκια και μέσα από όλα αυτά μπορείτε να του μεταδώσετε τα μηνύματά σας. Να είστε σίγουροι πως μ' αυτόν τον τρόπο θα λαμβάνουν τα μνήματα σας πολύ πιο εύκολα.

Από ένα παιχνίδι μπορείτε να δημιουργήσετε και νέα παιχνίδια, πχ. με τα φλυτζανάκια από τα κουζινικά να φτιάξετε πύργους με φλυτζανάκια, με τις μπογιές να φτιάξετε έναν δρόμο για τα αυτοκινητάκια, με τα βιβλία να φτιάξετε γεφυρούλες, με τα παζλ μπορείτε να κρύψετε τα κομμάτια του σε διάφορα σημεία στο σπίτι και με μια μουσική που χαμηλώνει και δυναμώνει να το καθοδηγήσετε να τα βρει. Τα συρόμενα παιχνίδια μπορείτε να τα ενώσετε και να φτιάξετε μια αμαξοστοιχία.

Κρύψτε κάτω από ποτηράκια διάφορα αντικείμενα για να τα βρει.

Με τα λούτρινα παίξτε κουκλοθέατρο, αφήστε απλά ελεύθερη τη φαντασία σας.

ΘΕΜΑΤΑ
ΨΥΧΟΛΟΓΙΑΣ

ΜΑΜΑΔΕΣ ΠΡΟΣΟΧΗ, ΠΑΝΩ ΑΠ' ΟΛΑ ΕΙΜΑΣΤΕ ΓΥΝΑΙΚΕΣ

Όταν γινόμαστε μανούλες, πολλές φορές ξεχνάμε τη γυναικεία φύση μας. Αρχίζουμε και παραμελούμε τον εαυτό μας και κατά συνέπεια και τον σύζυγο μας. Τώρα θα μου πείτε, με τόσες καινούργιες ευθύνες, πού να προλάβετε ν' ασχοληθείτε μ' αυτά; Κι όμως είναι πολύ σημαντικό για να διατηρήσουμε τη σχέση μας ενεργή. Στο κάτω κάτω υπάρχει και η ισότητα των δύο φύλων. Αυτό σημαίνει ότι θα πρέπει να μοιράσετε τις ευθύνες σας και να μην τα επωμίζεστε όλα μόνη σας.

Δώστε λίγο σημασία στα παρακάτω, είμαι σίγουρη πως αν τ' ακολουθήσετε θα νιώσετε και πάλι «γυναίκα».

- Φροντίστε καθημερινά την εμφάνισή σας, μη μένετε όλη μέρα με μια πυτζάμα, αλλάξτε την με ένα μπλουζάκι και ένα κολάν ή μ' ένα αέρινο φορεματάκι.
- Περιποιηθείτε το πρόσωπό σας, φωτίζοντάς το με λίγο ρουζ και κραγιόν.
- Χτενίστε όμορφα τα μαλλιά σας ή τολμήστε ακόμα ν' αλλάξετε και λουκ.
- Αγοράστε ένα καινούργιο εσώρουχο για σας και για κείνον, για ένα ιδιαίτερο βράδυ.
- Μαγειρέψτε αφροδισιακά γεύματα και επιδόρπια.
- Φτιάξτε ατμόσφαιρα με χαμηλό φως και απαλή μουσική.
- Αφιερώστε του λίγο χρόνο για όσα έχει να σας πει και μη μιλάτε μόνο εσείς.
- Ανανεώστε λίγο τον προσωπικό σας χώρο, «την κρεβατοκάμαρα». Αλλάξτε θέση κάποια πράγματα, βάλτε χαρούμενα σεντόνια, αλλάξτε την κουρτίνα, τον φωτισμό και ότι άλλο μπορείτε.
- Το πιο τέλειο θα ήταν να μπορούσατε να πάτε ένα Σαββατοκύριακο κάπου οι δυο σας.

Μετά από όλα αυτά, να είστε σίγουρες πως η «γυναίκα θα λάμψει» και το σεξ θα σας κάνει ακόμα πιο όμορφη και ήρεμη.

ΕΠΙΛΟΧΕΙΑ ΚΑΤΑΘΛΙΨΗ
Από τι προκαλείται και πώς να την αντιμετωπίσετε

Η επιλόχεια κατάθλιψη δημιουργείται από τις ορμονικές, σωματικές και συναισθηματικές αλλαγές που εμφανίζονται σε μια γυναίκα που γίνεται μαμά. Το άσχημο της υπόθεσης είναι ότι, μαζί με τη μαμά, το βιώνει όλη η οικογένεια και ειδικότερα ο σύζυγος.

Τα συμπτώματα που δηλώνουν πως μια λεχώνα έχει κατάθλιψη είναι:
- Αδιαφορία για το μωρό και για τον εαυτό της
- Άρνηση για θηλασμό
- Κλάμα χωρίς λόγο
- Κούραση
- Διαταραχές ύπνου
- Επιθετικές αντιδράσεις και πιο σπάνια τάσεις αυτοκτονίας

Αντιμετωπίστε την με απλούς τρόπους:
- Ζητήστε βοήθεια από κάποιο δικό σας πρόσωπο για το μωρό
- Ακούστε μουσική και τραγουδήστε κι σεις μαζί
- Περιποιηθείτε τον εαυτό σας, το σώμα, το πρόσωπο, τα μαλλιά
- Κάντε γυμναστική ή χορέψτε
- Κοιμηθείτε κι εσείς όταν κοιμάται το μωρό σας
- Βγείτε έξω και κάντε έναν περίπατο στον ήλιο
- Μιλήστε με φίλους που νιώθετε άνετα κοντά τους και σας φτιάχνουν τη διάθεση
- Φορέστε κάτι σέξι για να νοιώσετε και πάλι ποθητή
- Μην αφήνετε απ' έξω τον σύζυγό σας και συζητήστε μαζί του όλα όσα σας απασχολούν
- Μη διστάσετε, αν χρειάζεστε ψυχολογική υποστήριξη, να απευθυνθείτε σε κάποιον ειδικό.

Πολλές φορές η επιλόχεια κατάθλιψη, αν δεν αντιμετωπιστεί εγκαίρως, μπορεί να κρατήσει μέχρι και μήνες και αυτό θα έχει σίγουρα επιπτώσεις στο μωρό σας και στον σύζυγό σας.

ΕΙΜΑΙ ΚΑΛΗ ΜΑΜΑ;

Μια ερώτηση που κάνουμε όλες οι μαμάδες στον εαυτό μας, γιατί παίζουμε τον σημαντικότερο ρόλο για τα παιδιά μας.

Το περισσότερο άγχος το έχουν οι νέες μαμάδες και πολλές φορές απελπίζονται και βάζουν τα κλάματα. Βέβαια αυτό δεν το θεωρώ κακό γιατί μ' αυτόν τον τρόπο ξεσπούν και βγάζουν την ένταση από μέσα τους.

Μην ανησυχείτε, από τη στιγμή που θα γεννήσετε, το μητρικό ένστικτο λειτουργεί από μόνο του.

Για παράδειγμα ο θηλασμός είναι ο κρίκος που ενώνει το μωρό με τη μητέρα μετά τον τοκετό.

Όσο θηλάζετε παρατηρήστε προσεκτικά τις εκφράσεις του προσώπου στο μωρό σας, σίγουρα κάτι έχουν να σας πουν.

Προσπαθήστε, όταν το έχετε στην αγκαλιά σας, να είστε ήρεμη και όχι νευρική, γιατί αν και νεογέννητο αντιλαμβάνεται όλες τις καταστάσεις και όλα τα συναισθήματα.

Όταν υπάρχει ένταση στο σπίτι, το μωρό γίνεται νευρικό και γκρινιάζει. Φροντίστε λοιπόν την οικογενειακή ισορροπία. Επίσης φροντίστε τον εαυτό σας και εξωτερικά, την εμφάνιση σας, ντυθείτε για παράδειγμα με χαρούμενα χρώματα.

Καλή μαμά είναι εκείνη που ακούει το παιδί της και μετά το συμβουλεύει, αναλόγως την κάθε περίσταση. Αυτό βέβαια δε σημαίνει ό,τι μπορεί να κάνει ότι θέλει, πρέπει να μάθει να σας ακούει. Όλα εξαρτώνται από τον τόνο της φωνής σας, να μην ακούγεται καταπιεστικός (χωρίς τσιρίδες και ουρλιαχτά). Αν του τα εξηγήσετε να είστε σίγουροι πως θα σας καταλάβει.

Σας αναφέρω μερικά παραδείγματα παρακάτω:

-Μπορεί να κλαίει και να μη θέλει να κοιμηθεί. Μην εκνευριστείτε αλλά ηρεμήστε το, παίρνοντας το μια αγκαλιά και ξαναβάλτε το για ύπνο.

-Όταν το ταΐζετε μπορεί να μη θέλει να φάει άλλο. Μην επιμένετε γιατί πολύ απλά μπορεί να μην έχει όρεξη τη συγκεκριμένη μέρα όπως ακριβώς συμβαίνει και με μας πολλές φορές.

-Όταν αρχίζετε να του δίνετε καινούργιες γεύσεις όπως φρούτα, φαγάκια, μπορεί να μην τα φάει ή να φάει λίγο. Δεν πρέπει να το βάζετε κάτω, γιατί πολύ απλά, τα δοκιμάζει και χρειάζεται κάποιος χρόνος για να τα συνηθίσει. Εδώ πρέπει να έχετε υπομονή και επιμονή.

Καλή μαμά είναι αυτή που ακούει, συζητάει, συμβουλεύει, βοηθάει, αντέχει παίζει, φροντίζει, μαλώνει, πονάει και αγαπάει το παιδί της.

Κάθε μέρα μαμά!

ΜΕ ΠΟΙΟΥΣ ΤΡΟΠΟΥΣ ΝΑ ΑΝΤΙΜΕΤΩΠΙΣΕΤΕ ΤΗ ΖΗΛΙΑ ΤΟΥ ΜΕΓΑΛΥΤΕΡΟΥ ΠΑΙΔΙΟΥ ΣΑΣ ΓΙΑ ΤΟ ΜΙΚΡΟΤΕΡΟ ΑΔΕΡΦΑΚΙ ΤΟΥ

Η ζήλια είναι απολύτως φυσιολογική σ' αυτήν την περίπτωση και εκφράζεται με πολλούς τρόπους. Σας δίνω μερικά παραδείγματα:

1. Όταν κλαίει το μωρό, αρχίζει και κλαίει πολλές φορές και το μεγαλύτερο παιδί και μάλιστα προσπαθεί να μιμηθεί ακριβώς το κλάμα του. Τι κάνετε; Σ' αυτή την περίπτωση δεν πρέπει να αντιδράσουμε με εκφράσεις του τύπου:
   -Φτάνει μη κλαις κι εσύ, δεν αντέχω άλλο.
   -Πάψε για να κοιμηθεί το μωρό.
   -Μη κάνεις σαν μωρό.
   Αυτός είναι λάθος χειρισμός, πρέπει να το αντιμετωπίσετε με έξυπνο τρόπο:
   Πάρτε τα στην αγκαλιά σας, τραγουδήστε το αγαπημένο τραγουδάκι του μεγαλύτερου και πείτε του: «Για να δούμε, πιο παιδάκι θα καταφέρω να σταματήσω πρώτο το κλάμα του με το τραγούδι μου; Ποιο από τα δύο θα κερδίσει ένα βραβείο;»
   Θα δείτε ότι μ' αυτόν τον τρόπο, ηρεμείτε το μεγαλύτερο παιδί και δεν το κάνετε νευρικό, έτσι θα σταματήσει το κλάμα και κατά ένα μαγικό τρόπο θα σταματήσει να κλαίει και το μωρό.

2. Όταν έχετε το μωρό αγκαλιά και το θηλάζετε ζητάει και το μεγαλύτερο να το πάρετε αγκαλιά και να το θηλάσετε.
   Εδώ μπορείτε να το χειριστείτε με δύο τρόπους. Ο ένας είναι πολύ απλός: Δώστε του να παίζει με το αγαπημένο του παιχνίδι όταν θηλάζετε. Ο άλλος

τρόπος είναι να το πάρετε δίπλα σας για να σας βοηθάει και να συμμετέχει κι αυτό στην όλη διαδικασία. Τι εννοώ;
Να κρατάει τα πράγματα του μωρού που χρησιμοποιείτε εκείνη τη στιγμή (πετσετούλα, πάνα, σαλιάρα, πιπίλα), να χαϊδεύει την πλάτη του μωρού όταν το βάζετε να ρευτεί ή να του τραγουδάει χαμηλόφωνα ένα τραγουδάκι.

3. Πολλές φορές πάλι γίνεται επιθετικό απέναντι στο μωρό και προσπαθεί να του κάνει κακό σε στιγμές που δεν το βλέπετε.
    -Δεν πρέπει να τ' αφήνετε ποτέ μόνα τους.
    -Δεν πρέπει να απαγορεύετε στο μεγαλύτερο να πιάνει το μωρό όταν είστε μπροστά. Θα πρέπει να αφιερώσετε λίγο χρόνο και να του δείξετε πώς να το χαϊδεύει και να το προσέχει.

4. Πολλά παιδάκια που έχουν καθαρίσει από την πάνα, αρχίζουν και ξανακάνουν πάνω τους τα κακά, επειδή τα κάνει και το μωρό.Και σ' αυτήν την περίπτωση δε θέλει λάθος χειρισμούς.
    Προσοχή στις εκφράσεις:
      -Δε ντρέπεσαι;
      -Θα σε κοροϊδεύουν οι φίλοι σου.
      -Σα μωρό κάνεις.
    Φερθείτε έξυπνα. Αν το μεγάλο παιδί σας έχει κλείσει τα 3, ζητήστε από αυτό ν' αλλάξει την πάνα του μωρού όταν θα έχει κάνει κακά, με τη δικαιολογία ότι δεν μπορείτε να το αλλάξετε εσείς γιατί έχετε δουλειά. Εννοείτε ότι θα έχετε προετοιμάσει τον χώρο και τα πράγματα και θα το παρακολουθείτε κρυφά λέγοντας του τι να κάνει. Στο τέλος θα το επιβραβεύσετε όπως και να το έχει κάνει. Τώρα αν είναι μικρότερο φροντίστε να είναι δίπλα

σας όταν αλλάζετε το μωρό. Με τις οσμές και το θέαμα αυτό θα αρχίσει να το απεχθάνεται και δύσκολα θα θέλει να το μιμηθεί. Μπορείτε επίσης, αν τα κάνει πάνω του, να το στείλετε να τα καθαρίσει μόνο του στο μπάνιο, λέγοντάς του ότι είναι μεγάλο και μπορεί να τα καταφέρει και μόνο του.

5. Άλλες φορές πάλι ζητούν και τα μεγαλύτερα πιπίλα και μπιμπερό.
   -Εξηγήστε του ότι τα μωρά χρησιμοποιούν πιπίλα και μπιμπερό επειδή δεν έχουν δόντια. Τα μεγάλα παιδάκια που έχουν δοντάκια, υπάρχει κίνδυνος να κόψουν κομμάτι από τη πιπίλα και το μπιμπερό και να πνιγούν. Επειδή μπορεί να μη σας πιστέψουν δώστε τους μια φορά τη πιπίλα ή το μπιμπερό και μετά ψαλιδίστε κρυφά τις θηλές και ξαναδώστε τα για να πειστούν.

Όλα αυτά βέβαια θα πρέπει να αντιμετωπίζονται με ήρεμο τρόπο και καλή διάθεση από τους γονείς.

Η ΤΙΜΩΡΙΑ ΣΤΟ ΠΑΙΔΙ
Πως να πειθαρχήσετε το παιδί σας, χωρίς να του δημιουργήσετε ψυχολογικά τραύματα

Ένα παιδί δε θα πρέπει να τιμωρείται αλλά να μάθει να πειθαρχεί και να σέβεται κάποιους κανόνες. Όταν το παιδί σας αρχίσει να περπατά, ξεκινά και η εξερεύνηση του χώρου του. Με το να λέτε συνέχεια ''μη εκεί'', ''μη εδώ'', ''μην το πειράζεις'', δεν καταφέρνετε τίποτα και του κεντρίζετε περισσότερο την περιέργεια.

Προτιμήστε να αλλάξετε θέση κάποια αντικείμενα που κρίνετε ότι είναι επικίνδυνα για το μωρό σας ώστε να μην είναι προσβάσιμα ή κάποια άλλα, εξαφανίστε τα.

Μπορείτε να προμηθευτείτε διάφορα εξαρτήματα ασφαλείας, για πρίζες, ντουλάπια, συρτάρια που κυκλοφορούν στο εμπόριο. Όταν θα τα τοποθετήσετε, δείξτε και εξηγήστε στο παιδί γιατί τα βάζετε, να είστε σίγουροι ότι θα καταλάβει και θα μειωθεί η περιέργεια του.

Αν ξεχάσετε κάποια ασφάλεια ανοιχτή, πχ. σε ένα συρτάρι και το ανοίξει μπροστά σας μη το μαλώσετε πολύ απλά ζητήστε από εκείνο να την κλείσει. Μ' αυτόν τον τρόπο αντί να τα ανοίγει θα τα κλείνει.

Αν επιμένει σε κάτι με κλάματα και δεν υπακούει π.χ. να σκίζει τα βιβλία του, πάρτε τα ήρεμα από μπροστά του εξηγώντας του ότι θα στεναχωρηθείτε αν τα σκίσει και μην του τα δίνετε για δύο τρεις ημέρες όχι όμως με τη μορφή εκβιασμού: "αν τα σκίσεις θα τα πάρω και δε θα στα ξαναδώσω ποτέ", αυτός ο τρόπος θα κάνει το παιδί σας νευρικό.

Πολλοί γονείς πάλι, τρομοκρατούν τα παιδιά τους λέγοντας τους :"θα τα δώσω στον κακό το λύκο", "φάε το φαγητό σου, γιατί αν δε το φας θα σε πάω στον κακό", "μάζεψε τα παιχνίδια σου αλλιώς θα σε κλειδώσω στο δωμάτιο σου" και διάφορες άλλες εκφράσεις. Το παιδί έτσι αποκτά φοβίες που μπορεί να τις κουβαλάει μέσα του και όταν μεγαλώσει.

Κάθε μέρα μαμά!

Βρείτε εναλλακτικούς τρόπους για όλα αυτά, για το φαγητό πείτε του μια ιστορία για ένα αρκουδάκι που έτρωγε δέκα κουταλάκια φαγητό και γινόταν δυνατό, (μια ιστορία που μπορείτε να δημιουργήσετε μόνοι σας). Μετρήστε και στο παιδί σας δέκα κουταλάκια.

Για τα βιβλία του περιηγηθείτε μαζί του στις σελίδες του ζητώντας του να σας βρει σε κάθε σελίδα πράγματα που γνωρίζει: πεταλούδες, γατάκια, σκυλάκια, ψαράκια κ.ά. και όταν πάει να τα σκίσει πείτε του: "κρίμα, δε θα έχουμε τώρα πχ. πεταλούδες".

Για να μαζεύει τα παιχνίδια παίξτε ένα παιχνίδι: Δέστε πίσω σας μια μεγάλη σακούλα ή ένα μεγάλο καλάθι, βάλτε ένα τραγούδι να παίζει και πείτε του να σας κυνηγήσει και να προσπαθήσει να βάλει στη σακούλα σας όσο πιο πολλά παιχνίδια μπορεί μέχρι να τελειώσει το τραγούδι. Όχι απλά θα τα μαζέψει αλλά θα ενθουσιαστεί και θα γίνει αγαπημένο του παιχνίδι!

Προσοχή, μη το μαλώσετε ποτέ μπροστά σε άλλα παιδάκια ή σε κόσμο, γιατί το προσβάλετε!

Καταλαβαίνω βέβαια ότι καμιά φορά μπορεί να παρεκτραπείτε, να ξεσπάσετε στο παιδί σας και να το χτυπήσετε. Σίγουρα θα το μετανιώσετε. Μάθετε να ζητάτε συγνώμη από το παιδί σας και μην το τιμωρείτε, απλά καθοδηγήστε το.

ΜΑΘΕΤΕ ΝΑ ΛΕΤΕ «ΟΧΙ» ΑΦΟΒΑ

Οι περισσότεροι γονείς φοβούνται να πουν στο παιδί τους «όχι» για κάτι, μήπως και πάψει να τους αγαπά. Αυτό είναι λάθος. Επίσης εξίσου λάθος είναι το να λέει «όχι» μόνο ο ένας γονιός, γιατί αν ο ένας γονιός λέει «όχι» και ο άλλος «ναι» για το ίδιο πράγμα, δημιουργείται σύγχυση στο παιδί και νιώθει περισσότερη ανασφάλεια.

Θα πρέπει οι γονείς να ακολουθούν μια κοινή πορεία όσον αφορά το παιδί τους. Ούτε βέβαια και η περίπτωση να μη λέει τίποτα κανένας γονιός στο παιδί είναι σωστό, γιατί και σ' αυτή την περίπτωση θα εκδηλώσει κάποιο πρόβλημα. Το να είναι "χύμα" και "να μην ξέρει που να σταματήσει" έχει σαν αποτέλεσμα να μην το χωράει ο τόπος και να αντιδρά σπασμωδικά με νευρωτικές συμπεριφορές.

Οι γονείς λοιπόν θα πρέπει να έχουν για οδηγό τους κάποια βασικά πράγματα:
1. Να δείχνουν την παρουσία τους με συναισθήματα, με τον λόγο τους και με τα παραδείγματά τους.
2. Να δείχνουν σεβασμό ο ένας στον άλλον και προς το παιδί τους για να μάθει να τους σέβεται κι εκείνο με τη σειρά του.
3. Οι κουβέντες τους να είναι απλές, χωρίς υπονοούμενα.
4. Να παίζουν μαζί τους με κανόνες. Με το παιχνίδι μεταδίδονται οι κανόνες στο παιδί πολύ πιο εύκολα.

Αν η στάση των γονιών παρέχει αγάπη και κανόνες, τότε και το παιδί θα συγκροτηθεί και θα ζει με αγάπη και ισορροπία. Και προσοχή, δεν πρέπει να λέμε το «όχι» στα παιδιά μας φωνάζοντας και κάνοντας φασαρία, αλλά ήρεμα και εξηγώντας του με απλά λόγια το γιατί!

ΔΕΝ ΜΠΟΡΩ ΝΑ ΑΓΟΡΑΣΩ ΔΩΡΟ ΣΤΟ ΠΑΙΔΙ ΜΟΥ ΓΙΑ ΤΙΣ ΓΙΟΡΤΕΣ. ΠΩΣ ΝΑ ΤΟ ΧΕΙΡΙΣΤΩ; ΠΩΣ ΝΑ ΤΟ ΑΝΤΙΜΕΤΩΠΙΣΩ;

Όλοι έχουμε συνδυάσει τις γιορτές με τα δώρα και σίγουρα το να μην μπορείτε να πάρετε το δώρο που θέλετε στο αγγελούδι σας, σας φέρνει σε πολύ δύσκολη θέση. Ωστόσο, συνειδητοποιείστε κατ' αρχάς ότι δεν ευθύνεστε εσείς καθώς τα πράγματα έχουν αλλάξει για τους περισσότερους. Η οικονομική κρίση έχει δημιουργήσει τεράστια προβλήματα σε πολλές οικογένειες, όχι μόνο οικονομικά αλλά και ψυχικής υγείας και συμβίωσης. Πολλοί άνθρωποι έχουν καταρρεύσει και έχουν οδηγηθεί στην κατάθλιψη και δυστυχώς οι πρώτοι αποδέκτες όλης αυτής της κατάστασης είναι τα παιδιά τους.

Όσοι από σας διατηρούσατε μια ισορροπία σ' αυτό το θέμα, σίγουρα βρίσκεστε σε καλύτερη κατάσταση. Όσοι όμως ήσασταν υπερβολικοί και τους προσφέρατε πληθώρα αγαθών, γιατί είχατε την οικονομική δυνατότητα, τώρα έχετε «χάσει την μπάλα». Γι' αυτό χρειάζεται σε όλα τα πράγματα να έχουμε ένα μέτρο, για να μη βρισκόμαστε μετά προ εκπλήξεων.

Να συζητάτε πάντα με το παιδί σας, την πραγματικότητα της κατάστασης, με απλά λόγια, για να ξέρει κι αυτό να βάζει ένα μέτρο στις απαιτήσεις του. Έτσι, να είστε σίγουροι πως θα καταλάβει, ενώ αν παραπλανάται και σας βλέπει να είστε νευρικοί και να μαλώνετε μεταξύ σας, θα πληγώνεται και θα διαταράσσεται ο ψυχικός του κόσμος.

Δώρα δεν είναι μόνο τ' ακριβά παιχνίδια, ρούχα ή παπούτσια, είναι και ένα ωραίο φαγητό ή γλυκό που θα του φτιάξετε, μια απλή κατασκευή, μια όμορφη ζωγραφιά για το δωμάτιο του. Ακόμα, μια φωτογραφία σας σε μια κορνίζα, ένα παλιό του παιχνίδι που το έχετε αποθηκεύσει και το έχει ξεχάσει και με μια μικρή μετατροπή το ξανακάνετε σαν καινούργιο (πχ. ένα κόκκινο ξύλινο τρενάκι, αλλάξτε το χρώμα και κάντε το μπλε). Μπορείτε να του φτιάξετε ένα έξυπνο παιχνίδι που θα βρείτε στις «Έξυπνες λύσεις» στο www.kathe-mera-mama.gr να ζωγραφίσετε ή να στολίσετε με αυτοκόλλητα την πόρτα ή μια καρέκλα του δωματίου του και να την τυλίξετε σαν δώρο για να το ανοίξει. Γιατί όχι, να βάλετε ένα σιδερότυπο σ' ένα μπλουζάκι του ή να του φτιάξετε ένα βραχιολάκι ή ένα μπρελόκ. Επίσης, αν πιάνουν τα χέρια σας, πλέξτε του ή ράψτε του κάτι.

Όλα αυτά που σας προτείνω, είναι όμορφες ιδέες που θα τους ενθουσιάσουν και δεν κοστίζουν σχεδόν τίποτα. Και βέβαια, ποτέ μην ξεχνάτε ότι το μεγαλύτερο δώρο που μπορείτε να προσφέρετε στο παιδί σας είναι η αγάπη σας.

Η ΚΟΙΝΩΝΙΚΟΠΟΙΗΣΗ ΤΟΥ ΠΑΙΔΙΟΥ

Όταν μιλάμε για την κοινωνικοποίηση του παιδιού, αναφερόμαστε συνήθως στην επικοινωνία του με τ' άλλα παιδιά. Πολλές φορές είναι εύκολο να χαρακτηρίσουμε ένα παιδί αντικοινωνικό ή ντροπαλό, ωστόσο αυτό είναι και λάθος.

Σκεφτήκατε ποτέ ότι δεν επικοινωνεί γιατί δεν ξέρει πώς να το κάνει; Δεν ξέρει τι ερωτήσεις να κάνει για να ξεκινήσει μια κουβέντα; Είναι σαν να σας έβαζαν να παίξετε ένα παιχνίδι χωρίς να σας δείξουν πως παίζεται. Δε θα ξέρατε τι να κάνετε.

Ορισμένες φορές πάλι λένε «είναι στο παιδί». Στο παιδί είναι να είναι πιο πεισματάρικο και να μην το βάζει εύκολα κάτω, να μην τα παρατάει και να επιμένει. Αυτό ναι, ισχύει.

Προσοχή στις εκφράσεις σας, αποφύγετε να χρησιμοποιείτε εκφράσεις του τύπου:

-Άντε, μην κάθεσαι έτσι, πήγαινε να παίξεις (διαταγή)

-Κοίτα τα άλλα παιδάκια παίζουν, εσύ όχι. Δε θα σε ξαναφέρω (απειλή)

-Είσαι πολύ ντροπαλός και δεν κάνεις τίποτα, να μείνεις μόνος σου (προσβολή και απογοήτευση).

Θα παρατηρήσατε, ότι πολλά παιδιά, μόλις βρεθούν σε μια καινούργια παρέα, κάνουν αμέσως φιλίες. Αυτό δείχνει ότι και στον οικογενειακό τους περίγυρο γίνεται αυτό, τα παιδιά κάνουν αυτό που βλέπουν και ακούν. Άρα οι γονείς είναι αυτοί που θα το βοηθήσουν.

Ο καλύτερος τρόπος για να γίνει αυτό είναι το θεατρικό παιχνίδι. Τι εννοώ; Παίξτε μαζί του, υποδυθείτε τον ρόλο ενός παιδιού σε ένα πάρκο που θέλετε να γίνετε φίλοι. Δείξτε του μ' αυτόν τον τρόπο, τι ερωτήσεις να κάνει και τι απαντήσεις να δίνει, οι οποίες θα πρέπει να είναι μικρές και απλές για να μπορεί να τις συγκρατεί.

Αν προσέξετε, αυτό γίνεται και στους παιδικούς σταθμούς: στην αρχή υπάρχει μια περίοδος προσαρμογής για τα παιδιά, στην οποία οι βρεφονηπιοκόμοι θα πρέπει να δείξουν τον τρόπο στα νέα παιδιά πώς θα επικοινωνήσουν με τα υπόλοιπα. Σ' αυτό φυσικά συμβάλει και η θετική συναίνεση των γονιών.

Με το θεατρικό παιχνίδι θα μπορέσετε να πετύχετε πολλά πράγματα με το παιδί σας, όπως να του μάθετε πώς να μοιράζετε τα παιχνίδια του αλλά και πώς να τα διεκδικεί όταν του τα παίρνουν, χωρίς να το ρωτήσουν, και πολλά άλλα.

ΔΙΑΖΥΓΙΟ, ΕΠΩΔΥΝΟ ΤΟΣΟ ΓΙΑ ΤΟ ΖΕΥΓΑΡΙ ΟΣΟ ΚΑΙ ΓΙΑ ΤΟ ΠΑΙΔΙ

Δυστυχώς, το διαζύγιο είναι μια κατάσταση υπαρκτή και, τα τελευταία χρόνια, αρκετά συχνή, οπωσδήποτε πάντως επώδυνη.

Στην αρχή κυριαρχεί μια νευρικότητα σε όλους, η οποία συνοδεύεται πολλές φορές από άσχημο λόγο (απειλές, βρισιές), αλλά και άσχημες αντιδράσεις (χαστούκια, σπάσιμο αντικειμένων κ.α.). Δυστυχώς αποδέκτης και θεατής σε όλα αυτά είναι το παιδί. Καλό θα ήταν να μη γίνεται τίποτα από όλα αυτά μπροστά του, ωστόσο πολλές φορές είναι αναπόφευκτο.

Όταν αποφασίσετε να χωρίσετε, μιλήστε στο παιδί σας για την απόφαση αυτή και οι δυο μαζί, όταν θα έχετε ηρεμήσει. Το παιδί θα αντιδράσει, θα κλάψει, θα φωνάξει, θα θυμώσει, θα αρρωστήσει, θα προσπαθήσει με λίγα λόγια να αποφύγει αυτή την αλλαγή στη ζωή του, μέχρι να την δεχτεί.

Αφού χωρίσετε, μετά θα πρέπει να προσέξετε βασικά πράγματα στη συμπεριφορά σας απέναντι στο παιδί και επειδή μπορεί να χρειαστείτε βοήθεια από κάποιον ειδικό γι' αυτό, μη διστάσετε να την ζητήσετε.

Τι πρέπει να προσέξετε:

-Μην αποφεύγετε να του εξηγήσετε την κατάσταση, απλά ακολουθήστε κοινή γραμμή και οι δυο γονείς.

-Μη μιλάτε στο παιδί σας άσχημα για τον πατέρα του ή τη μητέρα του. Μ' αυτόν τον τρόπο, δημιουργείτε σύγχυση στο παιδί και το πληγώνετε. Φροντίστε έτσι να συμπεριφερθούν και οι συγγενείς σας (παππούς, γιαγιά, θεία κ.α.)

-Μην τάζετε στο παιδί σας μεγάλα δώρα, νομίζοντας ότι έτσι κερδίζετε πιο πολύ την αγάπη του, σας αγαπά έτσι κι αλλιώς.

-Μην του κάνετε συνέχεια ερωτήσεις του τύπου: «δουλεύει ο μπαμπάς σου/η μαμά σου;», «σε πάει στο πάρκο, παίζει μαζί σου;», «σε ρωτάει για μένα;», «είναι κάποιος η κάποια μαζί του;».

Με όλες αυτές τις ερωτήσεις, το φέρνετε σε δύσκολη θέση και το μόνο που θα καταφέρετε θα είναι να το εκνευρίσετε και να ξεσπάσει πάνω σας ή να το φτάσετε στο άλλο άκρο, να γίνει αδιάφορο σε όλα.

-Αν θα γνωρίσετε κάποιον άλλο σύντροφο πολύ σύντομα, καλύτερα να μην τον γνωρίσετε αμέσως στο παιδί σας. Μην το βάλετε στη διαδικασία να δεχτεί κάποιον άλλον για γονιό του, θα είναι λάθος.

-Φροντίστε να είστε και οι δυο γονείς μαζί στις πιο σημαντικές του στιγμές (γενέθλια, γιορτές, εκδηλώσεις σχολείου κ.α.) Κρατήστε όσο μπορείτε φιλική σχέση οι γονείς μεταξύ σας για να μπορέσει το παιδί να βιώσει όσο το δυνατό πιο ομαλά αυτή την αλλαγή στη ζωή του. Με τις φιλικές συναντήσεις σας θα του δείξετε ότι δεν διαλύθηκε η οικογένειά του, απλά άλλαξε λίγο και, παρ' όλες τις αλλαγές, θα είστε πάντα δίπλα του.

Διαβάστε και την σχετική ιστοριούλα μου: «Ο θυμωμένος Λουκάς συναντά τον θυμωμένο Ρίκο». (Βλ. Ιστοριούλες-παραμύθια- θεατρικά)

ΚΡΙΣΕΙΣ ΠΑΝΙΚΟΥ

Η κρίση πανικού είναι μια ψυχική διαταραχή πολύ συνηθισμένη στις μέρες μας. Μπορεί να εκδηλωθεί με διάφορους τρόπους, όμως για να είναι πιο σαφές το θέμα για το οποίο μιλάμε, σας περιγράφω ένα περιστατικό κρίσης πανικού:

«Ήμουν στο λεωφορείο και επέστρεφα στο σπίτι από τη δουλειά. Ξαφνικά ένιωσα ένα μούδιασμα στα άκρα, έναν κρύο ιδρώτα να με λούζει, ένα αίσθημα ανάγκης για τουαλέτα, ένα βουητό στ' αυτιά, μια σκοτοδίνη και χάθηκα. Μετά από λίγο βρέθηκα κάπου ξαπλωμένη και κάποιοι άνθρωποι προσπαθούσαν να με συνεφέρουν. Όταν συνήλθα όλοι με ρωτούσαν τι έπαθα, αν ήμουν έγκυος, αν ήπια κάτι και διάφορα άλλα. Δεν είχα τίποτα απ' όλα αυτά, είχα πάθει κρίση πανικού, ήταν η πέμπτη φορά που το πάθαινα. Έπρεπε κάτι να κάνω. Ξεκίνησα με αιματολογικές εξετάσεις για να αποκλείσω παθολογικά αίτια. Μετά αποφάσισα να απευθυνθώ σε κάποιον ειδικό (ψυχίατρο). Ο γιατρός στην αρχή με ρώτησε πόσες φορές το έπαθα και μου εξήγησε ότι είμαι υπερβολικά αγχώδης και όλο αυτό το άγχος με πιέζει και με οδηγεί στις κρίσεις πανικού. Μετά από κάποιες επισκέψεις, είχα αρκετή βελτίωση, οι κρίσεις υπήρχαν αλλά σε πιο ήπια μορφή».

Δεν πρέπει να αμελούμε αυτές τις κρίσεις, αντίθετα πρέπει να τις αντιμετωπίσουμε με τον καλύτερο δυνατό τρόπο. Οπωσδήποτε θα χρειαστούμε τη βοήθεια και τις συμβουλές κάποιου ειδικού.

Πέρα των ειδικών όμως θα πρέπει να εφαρμόσουμε κάποιες τεχνικές μόνοι μας στον εαυτό μας για να τον βοηθήσουμε, πάντα βέβαια με σωστή καθοδήγηση:

1) Αφού συνέλθετε από την κρίση, καλό είναι να παραμείνετε εκεί που είστε, γιατί αν μετακινηθείτε υπάρχει κίνδυνος να πέσετε και να χτυπήσετε.

2) Δώστε μεγάλη σημασία στην αναπνοή σας, αναπνεύστε αργά και ρυθμικά.

3) Προσπαθήστε να λέτε στον εαυτό σας ότι είναι απλά μια κρίση και σε λίγα λεπτά θα τελειώσει. Πείτε το πολλές φορές μέχρι να το πιστέψετε.

4) Αποσπάστε την προσοχή σας με κάτι άλλο. Ανοίξτε το κινητό σας και χαζέψτε κάποιες φωτογραφίες, δείτε το ημερολόγιο και σκεφτείτε πότε θα μπορούσατε να πάρετε άδεια για διακοπές. Σκεφτείτε χαρούμενες στιγμές από περασμένες διακοπές, γιορτές, διάφορες στιγμές της ζωής σας.

5) Αν οδηγείτε, καλύτερα σταματήστε για λίγο και ανοίξτε το παράθυρο για να σας φυσήξει λίγος αέρας.

6) Αν είστε σε κάποιο λεωφορείο, κοιτάξτε από το παράθυρο και εστιάστε την προσοχή σας σε κάτι άσχετο, σ' ένα κτίριο, σε μια εκκλησία, σ' ένα δέντρο, γενικά σε κάτι εντελώς ουδέτερο που δεν σας προκαλεί άγχος.

7) Όταν πιέζεστε από υπερβολικό άγχος θα πρέπει να κάνετε κάποιες ασκήσεις χαλάρωσης για να διώξετε από πάνω σας όσον το δυνατόν περισσότερο άγχος. Μία τέτοια άσκηση είναι η εξής: Ξαπλώστε στο κρεβάτι ανάσκελα, τεντώστε χέρια και πόδια και αρχίστε να ανοιγοκλείνετε τα χέρια σε μπουνιές και να τεντώνετε τα δάχτυλα των ποδιών σε μύτες. Τα μάτια σας κρατήστε τα κλειστά. Αυτή η άσκηση κρατάει 15 λεπτά.

Κάθε μέρα μαμά!

Παρακάτω σας δίνω κάποια βασικά πράγματα ακόμη που μπορείτε να κάνετε για να βοηθηθείτε:

-Αφήστε τον εαυτό σας να αντιδράσει, να φωνάξει, να κλάψει ή ακόμα και να γελάσει!

-Μιλήστε με κάποιον θετικό άνθρωπο για κάτι που σας απασχολεί, μην τα κρατάτε όλα μέσα σας.

-Μπορείτε να αρχίσετε να γυμνάζεστε, έστω και λίγο. Η άσκηση απελευθερώνει αρκετό άγχος και στρες που έχουμε μέσα μας.

-Προσέξτε τη διατροφή σας! Θα πρέπει να υπάρχει μια ισορροπία στα γεύματα. Σίγουρα οι πολλοί καφέδες, το κάπνισμα, το ποτό δεν κάνουν καλό κι ας νομίζουμε εμείς το αντίθετο.

Θέλω να πιστεύω ότι, με όλα τα παραπάνω, σας βοήθησα, έστω και λίγο. Πάντως ένα είναι σίγουρο: Οι κρίσεις πανικού αντιμετωπίζονται με την ανάλογη βοήθεια.

ΔΕΝ ΑΝΤΕΧΩ ΑΛΛΟ, ΤΑ ΝΕΥΡΑ ΜΟΥ!

Πολλές φορές τα παιδιά, οι δουλειές, ο σύζυγος, μας βγάζουν εκτός εαυτού τόσο πολύ που νομίζουμε πως θα εκραγούμε, ουρλιάζουμε και φωνάζουμε σαν υστερικές, αντιδρούμε άσχημα στα παιδιά και στον σύζυγο και πολλές φορές απλώνουμε το χέρι και χτυπάμε. Δυστυχώς είναι λίγο δύσκολο να αποφύγουμε μια τέτοια κατάσταση και όταν περάσει αυτή η φάση, μετά περνάμε στο άλλο στάδιο, αρχίζουμε να νιώθουμε τύψεις για όλη αυτή την κατάσταση που δημιουργήσαμε, μας παίρνουν τα κλάματα και πάμε στο άλλο άκρο. Αρχίζουμε να κάνουμε σε όλους το χατίρι με υπερβολές για να εξιλεωθούμε, αυτό όμως είναι λάθος, μια απλή συγγνώμη αρκεί.

Για εκείνο που θα πρέπει να φροντίσουμε είναι πως θα αντιμετωπίσουμε καλύτερα, αν ξαναβρεθούμε στην ίδια υστερική κατάσταση.

Τι μπορούμε να κάνουμε:

Αν έχετε πολλά νεύρα, είστε σε υστερική κατάσταση και θέλετε να αποφύγετε την όλη κατάσταση και να ηρεμήσετε, εκείνη τη στιγμή βρείτε μια πρόφαση (πχ. ότι πρέπει να πάτε για ψώνια) βγείτε από το σπίτι και περπατήστε μερικά τετράγωνα. Ο καθαρός αέρας και το περπάτημα θα σας βοηθήσουν να ηρεμήσετε. Αυτό βέβαια μπορεί να γίνει μόνο όταν τα παιδιά δεν είναι μόνα τους.

Μια άλλη λύση που έχει βοηθήσει πολλές μανούλες είναι το νερό. Δηλαδή: όταν αρχίσετε να φωνάζετε νευριασμένη, γεμίστε ένα ποτήρι νερό και πιείτε το, γουλιά γουλιά, όλο. Αυτόματα αυτό θα σας κλείσει το στόμα για λίγο, θα σταματήσετε να φωνάζετε και θα σας συνεφέρει έστω και για λίγο (προσοχή μόνο νερό, όχι καφέ).

Κάτι άλλο που μπορείτε να κάνετε αν αρχίσουν τα παιδιά να φωνάζουν, να κλαίνε και να μην ακούν, αντί να αφήσετε τον εαυτό σας να νευριάσει, μιμηθείτε τα παιδιά και κάντε ό,τι κάνουν. Στην αρχή θα σας κοιτάξουν παράξενα, αλλά μετά αντί να νευριάσετε, θα ξεκαρδιστείτε όλοι μαζί στα γέλια.

Για να μην φτάσετε σε υστερικές καταστάσεις, θα πρέπει να βάλετε κάποιους κανόνες και εργασίες για όλους μέσα στο σπίτι. Προσοχή: όχι με το ζόρι, γιατί έτσι πάλι στην ίδια και χειρότερη κατάσταση θα καταλήξετε. Εφαρμόστε κανόνες και εργασίες σε μορφή παιχνιδιού, έτσι ώστε να γίνονται διασκεδαστικά και να είστε όλοι ήρεμοι και χαρούμενοι.

Φυσικά, είστε άνθρωπος και αντιδράτε, δε γίνεται να μην νευριάσετε ποτέ, τουλάχιστον φροντίστε να προσπαθείτε να ελέγξετε τα νεύρα σας!

ΚΑΛΗ ΔΥΝΑΜΗ!

ΟΤΑΝ ΤΑ ΠΑΙΔΙΑ ΛΕΝΕ ΨΕΜΑΤΑ

Πολλές φορές τα παιδιά λένε ψέματα στους γονείς, γιατί ίσως δεν έχουν καταλάβει τη σημασία της αλήθειας.

Πότε λέει ένα παιδί ψέματα;

Για να αποφύγει μια τιμωρία. Μπορεί να το είχατε τιμωρήσει άσχημα για κάτι που έκανε και δεν θα ήθελε να ξανατιμωρηθεί. Γι' αυτό πρέπει να προσέχετε τη συμπεριφορά σας και τι τιμωρίες βάζετε, οι οποίες θα πρέπει να είναι μικρές και άμεσες, πχ. να πάει νωρίτερα για ύπνο, να μη δει τηλεόραση κλπ. Εκείνο που πρέπει να προσέξετε είναι να μη τιμωρείτε αλλά ούτε και να επιβραβεύετε ένα παιδί για το φαγητό του, γιατί αυτό μπορεί να του δημιουργήσει διατροφικές διαταραχές.

Άλλη περίπτωση που λένε ψέματα τα παιδιά είναι όταν και οι γονείς λένε ψέματα. Τα παιδιά αντιγράφουν τους γονείς τους, γι' αυτό προσοχή σ' αυτά που λέτε μπροστά στο παιδί.

Κάθε μέρα μαμά!

Όταν έχει μεγάλη φαντασία. Σ' αυτή την περίπτωση μπορεί να μιλάει για ψεύτικους φανταστικούς φίλους στο παιχνίδι του και μπορεί να μπερδέψει τη φαντασία με την πραγματικότητα. Στην ουσία αυτό δεν έχει καμιά σχέση με το ψέμα, απλά το παιδί μπορεί να νιώθει πολύ μόνο του. Αυτό συνήθως γίνεται με τα μοναχοπαίδια.

Μπορεί επίσης να σας πει ψέματα για να τραβήξει την προσοχή σας για να ασχοληθείτε περισσότερο μαζί του. Μπορεί ακόμη να το κάνει γιατί έχει χαμηλή αυτοπεποίθηση, κάτι που μπορεί να του το μεταδίδετε εσείς. Αφιερώστε όχι πολύ, αλλά σημαντικό και δημιουργικό, χρόνο με το παιδί σας. Για να του ανεβάσετε την αυτοπεποίθηση, θα πρέπει να το επαινείτε για κάτι που κάνει κι ας σας φαίνεται εσάς απλό.

Μια άλλη περίπτωση που μπορεί να σας πει ψέματα, είναι όταν ζητάτε από αυτό υπερβολικά πράγματα. Αυτό συμβαίνει πιο συχνά όταν τα παιδιά πηγαίνουν στο σχολείο και πολλοί γονείς ζητούν από τα παιδιά τους να είναι άριστα σε όλα τα μαθήματα ή να έχουν άριστες επιδόσεις σε αθλήματα που αρέσουν σ' αυτούς. Όλες αυτές οι καταστάσεις δημιουργούν άγχος και νευρικότητα στα παιδιά και έτσι καταλήγουν στα ψέματα.

Το καλύτερο απ' όλα για ν' αποφύγετε να σας λένε ψέματα τα παιδιά σας είναι να τους διδάξετε να λένε πάντα την αλήθεια για ό,τι κάνουν και να ζητούν συγνώμη. Προσοχή, εμείς χτίζουμε την προσωπικότητα των παιδιών μας και όπως λέω πάντα, τίποτα δεν είναι εύκολο στην πράξη χωρίς υπομονή και επιμονή.

ΣΥΝΤΑΓΕΣ ΓΙΑ ΜΩΡΑΚΙΑ

Σούπα με λαχανικά

Υλικά:
1 πατάτα
1 καρότο
1 κολοκυθάκι
κρεμμύδι

Εκτέλεση:
Βάζετε σ' ένα κατσαρολάκι όλα τα υλικά να βράσουν, το κρεμμύδι μόλις μαλακώσει αφαιρέστε το, μη το αλέθετε, γιατί μπορεί να του δημιουργήσουν αέρια. Θα το προσθέσετε τον επόμενο μήνα σταδιακά (κομματάκι-κομματάκι). Αλάτι δε βάζετε καθόλου. Αφού βράσουν καλά τα λαχανικά, ρίχνετε μέσα 1 κουταλιά της σούπας ελαιόλαδο και κουταλάκι του γλυκού λεμόνι και το σβήνετε. Αφήνετε να κρυώσει λίγο ανακατεύετε και του το αλέθετε, τόσο όσο να γίνει ένας νερουλός χυλός (κάτι σαν το φρούτο του). Το ταΐζετε μ' ένα ειδικό πλαστικό κουταλάκι σαν αυτό που δίνετε την φρουτόκρεμα. Τις πρώτες μέρες ταΐστε το αργά και όσο θέλει, μην επιμένετε.

Φασολάκια με αρνί ή κατσικάκι

Υλικά:
Αρνάκι ή κατσικάκι, φασολάκια, κρεμμύδι, πατάτες, μαϊντανός.

Εκτέλεση:
Βράζετε το αρνάκι ή το κατσικάκι, το ξαφρίζετε και προσθέτετε τα φασολάκια και τις πατατούλες να βράσουν κι αυτά και στο τέλος ρίχνετε το λάδι και το λεμονάκι. (Μπορείτε αν θέλετε να το κάνετε και με ντομάτα).

Κάθε μέρα μαμά!

Κρεατόσουπα

Υλικά:
Μοσχάρι, πατάτα, καρότο, κολοκυθάκι, σέλινο

Εκτέλεση:
Βράζετε το μοσχάρι σε κομματάκια για μισή ώρα μόνο του και μετά προσθέτετε και τα λαχανικά. Αφού βράσουν καλά το σβήνετε και προσθέτετε 1 κουταλιά της σούπας ελαιόλαδο και 1 κουταλάκι του γλυκού λεμονάκι.

Τιρ: όταν θα βράσετε το κρέας ή τα λαχανικά μόνα τους και σας περισσέψει ζωμός μην το πετάτε, αποθηκεύστε τον σε παγοκυψέλες και καταψύξτε τον. Για να μην μπερδεύετε τους ζωμούς, μόλις παγώσουν οι παγοκυψέλες, αδειάστε τες σε ταπεράκια και γράψτε απ' έξω από τι είναι. Είναι πολύ χρήσιμα, πιστέψτε με, μπορείτε να του φτιάξετε μ' αυτά τραχανόσουπα ή σούπα με φιδέ ή με αστράκι σε χρόνο μηδέν και θα είναι πεντανόστιμη!

Κοτόσουπα

Γίνεται ακριβώς όπως η κρεατόσουπα με τη διαφορά ότι βράζετε το κοτόπουλο μαζί με τα λαχανικά.

Τραχανόσουπα με ντομάτα και κολοκυθάκι

Βάζετε σ' ένα κατσαρολάκι 2 κουτ. της σούπας ελαιόλαδο, μόλις ζεσταθεί λίγο (όχι να κάψει), προσθέτετε 1 ντομάτα τριμμένη χωρίς τη φλούδα και ένα κολοκυθάκι μικρό τριμμένο, 1 ποτήρι νερό και 4 κουτ. της σούπας τραχανά. Ανακατεύετε συνέχεια για να μη σβολιάσει. Βράζετε για 10 λεπτά σε χαμηλή φωτιά. Μπορείτε να την περάσετε και από το μούλτι για να γίνει βελουτέ. Σερβίρετε με τυράκι ή σκέτη. Βγαίνουν 2 παιδικές μερίδες.

Φακές σούπα

Υλικά:
½ φλιτζάνι φακές ψιλές
καρότο
1 μικρή πατάτα
1 κρεμμύδι
2 τριμμένες ντομάτες
λίγο δυόσμο
ελαιόλαδο

Εκτέλεση:
Πλένετε καλά τις φακές με ζεστό νερό και τις βάζετε να βράσουν μαζί με το καρότο και την πατάτα κομμένα σε κύβους. Ρίχνετε και το κρεμμύδι ψιλοκομμένο. Μόλις βράσουν προσθέτετε τις ντομάτες και τον δυόσμο, τα βράζετε ακόμα 5', το σβήνετε και ρίχνετε το ελαιόλαδο, τυρί φέτα τριμμένη και σερβίρετε. Έτσι απορροφάται καλύτερα από τον οργανισμό ο σίδηρος που έχουν οι φακές.

Tip: Προσέξτε να μη βάζετε στα φαγητά μεγάλη ποσότητα νερού, όχι πάνω από 4 νεροπότηρα γιατί έτσι θα γίνεται νεροκομμένο, δε θα χυλώνει ωραία το ζουμάκι και δε θα είναι τόσο νόστιμο. Καλύτερα θα ήταν να έχετε βρασμένο νερό και αν χρειαστεί να προσθέσετε (σε κάτι που θέλει κι άλλο βράσιμο).

Αυτά είναι τα βασικά γεύματα που θα του δώσετε στην αρχή. Βέβαια με τη μαγειρική μπορείτε να κάνετε παραλλαγές: μοσχαράκι με αστράκι ή κριθαράκι με ντοματούλα, κοτόπουλο με τραχανά, γεμιστά κολοκυθάκια με κιμά κ.ά.

Γιουβαρλάκια σούπα

Υλικά:
250 γρ. κιμά μοσχαρίσιο
4 κουτ. της σούπας ρύζι καρολίνα
1 κρεμμύδι
2 μέτριες πατάτες
1 κολοκυθάκι
1 καρότο
λίγο άνηθο και λίγο λεμόνι
3 κουτ. της σούπας ελαιόλαδο

Εκτέλεση:
Ζυμώστε τον κιμά, μαζί με το κρεμμύδι και το 1/2 κολοκυθάκι (αλεσμένα στο μπλέντερ), το ρύζι και τον άνηθο, πλάστε τα σε στρόγγυλα μπαλάκια και βάλτε τα στο ψυγείο μέχρι να ετοιμάσετε τα υπόλοιπα. Σε μια κατσαρόλα βάζετε νερό να βράσει (3-3,5 ποτήρια) καθαρίζετε τις πατάτες, τις κόβετε σε κύβους και τις ρίχνετε στο νερό που βράζει, το ίδιο κάνετε και με το καρότο και το 1/2 κολοκυθάκι κομμένα σε ροδέλες. Προσθέτετε και τα γιουβαρλάκια. Τα βράζετε για μισή ώρα περίπου, μέχρι να μαλακώσουν καλά. Τη σβήνετε και προσθέτετε το ελαιόλαδο και το λεμόνι. Μπορείτε αν θέλετε να την αλέσετε όλη τη σούπα, να τη χωρίσετε σε ταπεράκια ή βαζάκια και να τα ζεσταίνετε κάθε φορά που τα χρειάζεστε, βυθίζοντάς τα σε ένα μπολ με ζεστό νερό.

Ψαρόσουπα

Υλικά:

Ψάρι για σούπα (μπακαλιαράκια, χελιδονόψαρα κ. ά.)
1 κρεμμύδι
2-3 πατάτες
2 καρότα
σέλινο και τη ρίζα και τα φύλλα
2 κουτ. της σούπας ρύζι (προαιρετικά)
2-3 κουτ. της σούπας ελαιόλαδο και λίγο λεμόνι

Εκτέλεση:

Βάζετε σε μια κατσαρόλα τα ψάρια να βράσουν (όχι πάνω από 15 λεπτά). Μόλις βράσουν τα βγάζετε και τα τοποθετείτε σε μια πιατέλα να κρυώσουν για να μπορέσετε να τα καθαρίσετε. Μετά σουρώνετε 2 με 3 φορές τον ζωμό, έτσι ώστε να μη μείνει κανένα αγκαθάκι, τον αδειάζετε ξανά στην κατσαρόλα και προσθέτετε όλα τα υπόλοιπα υλικά κομμένα σε κύβους (εκτός το λάδι και το λεμόνι, αυτά στο τέλος μόλις τη σβήσετε). Αφού βράσουν, ρίχνετε το ψάρι που έχετε καθαρίσει, να πάρουν μια βράση όλα μαζί και τη σβήνετε. Αλέθετε στο μπλέντερ και είναι έτοιμη.

Ρεβυθόσουπα με αστράκι

Υλικά:
1 φλυτζ. τσαγιού ρεβίθια
1 κουτ. της σούπας ταχίνι
1 κουτ. της σούπας λεμόνι
2 κουτ. της σούπας ελαιόλαδο
1 καρότο
3 κουτ. της σούπας αστράκι
λίγο μαϊντανό (προαιρετικά)

Εκτέλεση:
Μουσκεύετε τα ρεβίθια από βραδύς. Βάζετε σε μια κατσαρόλα 4 ποτήρια νερό, το καρότο και τα ρεβίθια να βράσουν καλά. Αφού βράσουν τα αφαιρείτε και τα αλέθετε στο μπλέντερ με λίγο ζουμί, και το ξαναδειάζετε στην κατσαρόλα, αν το νερό σας φαίνεται λίγο προσθέστε λίγο ακόμη. Προσθέτετε το ταχίνι, το αστράκι και τον μαϊντανό και το βράζετε μέχρι να γίνει το αστράκι. 5 λεπτά πριν το σβήσετε προσθέτετε το λεμόνι και το ελαιόλαδο(και αλάτι αν θέλετε). Γίνετε πεντανόστιμη σούπα και προτείνετε και για μεγάλους.

Κολοκυθάκια γεμιστά αυγολέμονο

Υλικά:
6 μέτρια κολοκυθάκια
300 γρ. κιμά μοσχαρίσιο
1/2 φλυτζ. τσαγιού ρύζι καρολίνα
1 μικρό καρότο κομμένο σε ροδέλες
λίγο άνηθο και λίγο δυόσμο
1/2 κουτ. του γλυκού αλάτι (προαιρετικά)
4 κουτ. της σούπας ελαιόλαδο
1 μέτριο κρεμμύδι
1 κρόκο αυγού
1 λεμονάκι

Εκτέλεση:
Αδειάζετε τα κολοκυθάκια και τα τοποθετείτε σε ένα πυρέξ ταψάκι. Σε ένα τηγανάκι βάζετε το κρεμμύδι ψιλοκομμένο, τον κιμά και το λάδι, τα σοτάρετε για 2 λεπτά και αμέσως προσθέτετε το μίγμα που βγάλατε από τα κολοκυθάκια, αφού το περάσετε πρώτα από το μπλέντερ. Ανακατεύετε καλά και προσθέτετε το ρύζι και τα μυρωδικά. Το αφήνετε λίγο να πιει τα υγρά του και μετά γεμίζετε μ' αυτό τα κολοκυθάκια, όχι πάρα πολύ. Αφού τα γεμίσετε, τα βάζετε πάλι στο πυρέξ, ρίχνετε άλλες 2 κουτ. της σούπας ελαιόλαδο, το αλάτι αν θέλετε, και τις ροδέλες καρότου διάσπαρτες στο πυρέξ. Προσθέτετε και 2 ποτήρια νερό και σκεπάζετε το πυρέξ με λαδόκολλα. Ψήνετε στο φούρνο στους 200 βαθμούς κελσίου για 1 ώρα περίπου. Στη μισή ώρα αν θέλετε γυρίστε τα. Μόλις θα είναι έτοιμο, βάζετε στο μπλέντερ τα καροτάκια, τον κρόκο αυγού, τον χυμό λεμονιού, 2 κουτ. της σούπας νερό από τη βρύση και τα χτυπάτε, θα γίνουν ένας πηχτός χυλός, τον αδειάζετε στο ταψί το κουνάτε να πάει παντού και είναι έτοιμο.

Κάθε μέρα μαμά!

Μπιφτεκάκια κοτόπουλου με τυρένιο πουρέ

Υλικά:
1 κομμάτι στήθος κοτόπουλου (χωρίς πέτσα)
1 μικρό αυγό (προαιρετικά, αν δεν το βάλετε προσθέστε ακόμα μια κουταλιά της σούπας γάλα)
3/4 φλυτζ. τσαγιού φρυγανιά τριμμένη
2 κουτ. της σούπας γάλα
λίγο ψιλοκομμένο άνηθο και δυόσμο
1/2 κρεμμύδι τριμμένο
1/2 κολοκυθάκι τριμμένο
1 μικρό κομματάκι πράσινη πιπεριά
2 μέτριες πατάτες βρασμένες
1/2 φλυτζ. του καφέ γάλα
2 κουτ. της σούπας ελαιόλαδο
1 κομμάτι τυρί φέτα

Εκτέλεση:
Βάζετε το κοτόπουλο (ωμό) στο μπλέντερ και το αλέθετε πολύ καλά. Το αδειάζετε σε ένα μπολ και μετά αλέθετε καλά το κρεμμύδι, το κολοκυθάκι, την πιπεριά και τα ρίχνετε στο μπολ με το κοτόπουλο, προσθέτετε και το αυγό, τις 2 κουτ. της σούπας γάλα, τη 1 κουτ. της σούπας ελαιόλαδο, τα μυρωδικά, τη φρυγανιά και ζυμώνετε. Το βάζετε στο ψυγείο μέχρι να ετοιμάσετε τις πατάτες για τον πουρέ. Τις καθαρίζετε, τις κόβετε στα τέσσερα και τις βάζετε να βράσουν. Μετά πλάθετε τα μπιφτέκια και τα βάζετε να ψηθούν σε ένα πυρέξ με λαδόκολλα στους 200 βαθμούς κελσίου για μισή ώρα περίπου (τα αλείφετε με λίγο ελαιόλαδο).

Για τον πουρέ: μόλις βράσουν οι πατάτες, τις πατάτε να γίνουν πουρές, προσθέτετε λίγο από το νερό που έβρασαν, 1 κουτ. της σούπας γάλα και 1 κουτ. ελαιόλαδο. Στο τέλος τρίβετε τη φέτα και ανακατεύετε.

Σαντουϊτσάκια για παιδικό πάρτι

Υλικό:
Ψωμί του τοστ χωρίς γωνία
1 κουτί φιλαδέλφεια
2 κουτ. της σούπας γιαούρτι (στραγγιστό ή αγελάδος)
Βρασμένο κοτόπουλο ψιλοκομμένο
1/2 κουτ. του γλυκού μουστάρδα απαλή

Εκτέλεση:
Κόβετε το ψωμί του τοστ σε ό,τι σχήμα θέλετε (καρδούλες, τριγωνάκια κ.ά.). Σε ένα μπολ ανακατεύετε το φιλαδέλφεια, το γιαούρτι, τη μουστάρδα και το κοτόπουλο. Αλείφετε τα σαντουϊτσάκια μ' αυτό το μίγμα. Αν θέλετε να τους δώσετε λίγο χρώμα, αλείψτε τα με ένα πινελάκι με λίγο κέτσαπ.

Φρουτένιες κρεμούλες

Υλικά:
κούσταρ πάουντερ κρέμα σε κουτί,
διάφορα φρούτα εποχής,
γάλα,
λίγη ζάχαρη

Εκτέλεση:
Φτιάχνετε την κρέμα κούσταρ πάουντερ σύμφωνα με τις οδηγίες στο κουτί, προσθέτετε 2-3 κουτ. του γλυκού αλεσμένο φρούτο και ανακατεύετε. Σερβίρετε σε μπολάκια και στολίζετε από πάνω με ψιλοκομμένα φρουτάκια.

ΑΠΟΓΕΥΜΑΤΙΝΑ ΓΕΥΜΑΤΑ

Γιαούρτι

Για το απόγευμα καλό είναι να του δίνετε γιαούρτι. Προτιμήστε τα απλά γιαούρτια και όχι αυτά με τα φρούτα γιατί δέχονται περισσότερη επεξεργασία και περιέχουν χρωστικές. Βέβαια το καλύτερο θα ήταν να το παρασκευάζατε μόνοι σας γιατί είναι πολύ εύκολο.

Η διαδικασία έχει ως εξής: Αγοράστε 1 λίτρο γάλα πλήρες και ένα κεσεδάκι γιαούρτι πλήρες, βάλτε το γάλα να βράσει σε μια κατσαρόλα επιβλέποντας το συνεχώς, το γάλα θα αρχίσει να φουσκώνει εσείς θα το τραβάτε δίπλα και θα το ανακατεύεται, αυτό θα το κάνετε 3 με 4 φορές και μετά θα το πάρετε από τη φωτιά και θα το αφήσετε να κρυώσει. Θα είναι έτοιμο όταν θα βουτήξετε το μικρό σας δαχτυλάκι μέσα και μετρήσετε ως το 10 και το αντέχετε. Αν έχει πιάσει πετσούλα την αφαιρείτε μ' ένα κουτάλι. Έπειτα, παίρνετε ένα μπολ, βάζετε μέσα 1 κουταλιά της σούπας από το γιαουρτάκι και αδειάζετε μες το μπολ το γάλα, ανακατεύετε καλά με ένα κουτάλι μέχρι να διαλυθεί το γιαούρτι, αφού διαλυθεί αδειάζετε πάλι όλο το μίγμα στην κατσαρόλα και ξανά στο μπολ και ξανά στη κατσαρόλα (4-5 φορές). Στο τέλος το αφήνετε στο μπολ και το σκεπάζετε με μια κουβερτούλα για να είναι ζεστό, σε θερμοκρασία δωματίου, το αφήνετε έτσι 10 ώρες να πήξει και μετά το ξεσκεπάζετε και το βάζετε στο ψυγείο. Διατηρείτε για 5 μέρες.

Ρυζόγαλο

Υλικά:
2 φλιτζάνια τσαγιού γάλα
3 κουταλιές σούπας ρύζι καρολίνα ή γλασσέ
2 κουταλιές σούπας ζάχαρη (κατά προτίμηση καστανή)
1 κουταλιά σούπας κούσταρ πάουντερ.

Εκτέλεση:
Βάζετε το ρύζι με το γάλα να βράσει. Σε 1 φλιτζάνι τσαγιού κρύο νερό διαλύετε το κούσταρ πάουντερ και τη ζάχαρη και το προσθέτετε στο γάλα με το ρύζι. Ανακατεύετε συνέχεια μέχρι ν' αρχίζει να πήζει. Το αδειάζετε σε μπολ.

Κρέμα με βρώμη και φρούτα
Ένα καλό απογευματινό πιάτο

Υλικά:
1/2 μήλο
1/2 μπανάνα
χυμό 1/2 πορτοκαλιού
1/2 ποτήρι νερό ή γάλα
3 κουτ. της σούπας νιφάδες βρώμης

Εκτέλεση:
Σε ένα κατσαρολάκι βάζετε το νερό, τον χυμό πορτοκαλιού, τα φρούτα (αλεσμένα στο μπλέντερ) και τη βρώμη, τα βράζετε για 5 λεπτά και μετά αδειάζετε τον χυλό στο μπλέντερ και τον αλέθετε. Η κρεμούλα είναι έτοιμη. Όταν θα αρχίσετε να του δίνετε μέλι, προσθέστε και 1 κουτ. του γλυκού μέλι.

Κάθε μέρα μαμά!

ΥΠΟΔΕΙΓΜΑ ΕΒΔΟΜΑΔΙΑΙΟΥ ΜΕΝΟΥ ΠΑΙΔΙΟΥ ΓΙΑ ΣΩΣΤΗ ΔΙΑΤΡΟΦΗ

ΔΕΥΤΕΡΑ

Πρωινό: 1 ποτήρι γάλα ή χυμό + 1 φέτα ψωμί με μέλι ή μαρμελάδα ή ταχίνι με κακάο ή μερέντα.
Δεκατιανό: 1 κουλούρι + 1 φρούτο εποχής
Μεσημεριανό: φακές + 1 κομμάτι τυρί + 1 φέτα ψωμί + λίγη σαλάτα
Απογευματινό: 1 γιαούρτι + 1 φρούτο
Βραδινό: 1 τοστ

ΤΡΙΤΗ

Πρωινό: Γάλα με κορν φλέικς
Δεκατιανό: 4-5 μπισκοτάκια
Μεσημεριανό: Μακαρόνια με κιμά + κεφαλοτύρι + σαλάτα
Απογευματινό: Κρεμούλα
Βραδινό: 1 κομμάτι πίτσα

ΤΕΤΑΡΤΗ

Πρωινό: 1 ποτήρι γάλα + 1 βραστό αυγό + 1 φέτα ψωμί
Δεκατιανό: 1 σταφιδόψωμο
Μεσημεριανό: Φασολάκια + 1 κομμάτι τυρί + 1 φέτα ψωμί
Απογευματινό: 1 ρυζόγαλο
Βραδινό: 1 φέτα ψωμί + 5-6 ελιές + αγγουροντομάτα

ΠΕΜΠΤΗ

Πρωινό: 1 ποτήρι γάλα + 1 φέτα ψωμί με ταχίνι + μέλι
Δεκατιανό: 1 γαλακτοφέτα
Μεσημεριανό: Σαρδέλες ψητές + πατάτες βραστές + 1 φέτα ψωμί
Απογευματινό: 1 φέτα τσουρέκι
Βραδινό: 1 κομμάτι τυρόπιτα

ΠΑΡΑΣΚΕΥΗ

Πρωινό: 1 ποτήρι γάλα + 1 φέτα κέικ
Δεκατιανό: 1 φρούτο ή 1 χυμό
Μεσημεριανό: Γεμιστές πιπεριές με ρύζι + 1 φέτα τυρί + σαλάτα
Απογευματινό: 1 μπάρα δημητριακών ή 1 παστέλι
Βραδινό: Τραχανόσουπα

ΣΑΒΒΑΤΟ

Πρωινό: 1 ποτήρι γάλα + 1 κρουασάν
Δεκατιανό: Φρούτα ή 1 ποτήρι χυμό
Μεσημεριανό: Κοτόπουλο με πατάτες και καρότα στο φούρνο + τυρί + 1 φέτα ψωμί
Απογευματινό: Προφιτερόλ ή πάστα
Βραδινό: Σάντουιτς με σουτζουκάκι ή σουβλάκι

ΚΥΡΙΑΚΗ

Πρωινό: 1 ποτήρι γάλα + λουκουμάδες με μέλι
Δεκατιανό: 2-3 κριτσίνια
Μεσημεριανό: Κρεατόσουπα + 1 φέτα ψωμί
Απογευματινό: Φρουτοσαλάτα με ξηρούς καρπούς
Βραδινό: Ομελέτα + 1 φέτα ψωμί

ΑΓΑΠΗΜΕΝΕΣ ΣΥΝΤΑΓΕΣ

Τάρτα σολομού ή ταρτάκια σολομού

Υλικά:
Για την τάρτα θα χρειαστείτε:
200 γρ. βιτάμ soft, 1 αυγό, 2 κουτ. του γλυκού μπέικιν πάουντερ, αλεύρι -όσο πάρει για μια ζύμη μαλακή- (για όλες τις χρήσεις).

Για τη γέμιση:
1 κεσεδάκι στραγγιστό γιαούρτι, 1 πακέτο φιλαδέλφεια light, 2 κουτ. της σούπας μαγιονέζα light, 1 κουτ. της σούπας μουστάρδα, 1 μέτριο καρότο, 1 πακέτο καπνιστό σολομό, λίγο άνηθο (προαιρετικά) και λίγο καρύδι (προαιρετικά).

Εκτέλεση:
Ζυμώνετε τα υλικά της τάρτας, το βιτάμ κατευθείαν από το ψυγείο, φτιάχνετε μια ζύμη μαλακή και την απλώνεται σ' ένα βουτυρωμένο ταψάκι (28 με 30 εκ), με το χέρι σας ομοιόμορφα μετά την τρυπάτε με ένα πιρούνι παντού. Φροντίστε στα πλάγια να είναι πιο υπερυψωμένη η ζύμη για να δημιουργηθεί έτσι χώρος για τη γέμιση. Την ψήνετε στους 200 βαθμούς κελσίου στον αέρα για μισή ώρα περίπου. Αφού ψηθεί την αφήνετε να κρυώσει και ετοιμάζετε τη γέμιση. Σε ένα μπολ ανακατεύετε καλά όλα τα υλικά και το καρότο τριμμένο στον ψιλό τρίφτη, εκτός από τον σολομό και το καρύδι. Τοποθετείτε τη γέμιση στη τάρτα και απλώνετε από πάνω τον σολομό, πασπαλίζετε με το καρύδι και είναι έτοιμη. Μια παραλλαγή που μπορείτε να κάνετε είναι να αντικαταστήσετε τον σολομό με τόνο, μόνο που θα πρέπει να τον έχετε στραγγίσει καλά από τα υγρά του ή να ψιλοκόψετε κομματάκια κοτόπουλο και να τα ανακατέψετε με τη γέμιση και να το πασπαλίσετε με παρμεζάνα και ξεροψημένα μανιτάρια. Δοκιμάστε τα και θα ενθουσιαστείτε.

Σοκολατόπιτα (νηστήσιμη)

Υλικά:

3 Φλυτζ. τσαγιού αλεύρι για όλες τις χρήσεις, 6 κουτ. σούπας κακάο, 1 κουτ. γλυκού αλάτι (όλα κοσκινισμένα). Ανακατεύουμε αυτά τα υλικά μαζί.

2 Φλυτζ. τσαγιού νερό, 2 φλυτζ. τσαγιού ζάχαρη, 10 κουτ. σούπας καλαμποκέλαιο ή σπορέλαιο, 2 κουτ. σούπας ξίδι, 2 βανίλιες. Επίσης ανακατεύουμε αυτά τα υλικά μαζί μέχρι να λιώσει η ζάχαρη και μετά προσθέτουμε τον χυμό ενός πορτοκαλιού στον οποίο διαλύουμε 1 κουτ. γλυκού σόδα φαγητού.

Εκτέλεση:

Ενώνουμε τα δύο μίγματα και τα ανακατεύουμε καλά να γίνουν ένα. Αδειάζουμε το σε ένα ταψάκι (28-30 εκ.) αφού το λαδώσουμε πρώτα με ένα πινελάκι. Ψήνουμε σε προθερμασμένο φούρνο στους 175 βαθμούς κελσίου για 40-45 λεπτά. Γίνονται περίπου 24 κομμάτια.

Μέχρι να ψηθεί ετοιμάζουμε το γλάσο σοκολάτας

Υλικά:

2 κουβερτούρες των 125 γρ. (αν θέλετε πολύ σοκολάτα βάλτε 3), 11 κουτ. σούπας καλαμποκέλαιο ή σπορέλαιο και 1 βανίλια.

Εκτέλεση:

Λιώστε τες σε μπεν-μαρί. Μόλις βγάλετε τη σοκολατόπιτα από το φούρνο όπως θα είναι ζεστή, χαράξτε την και περιχύστε την με το γλάσο κουταλιά-κουταλιά για να πάει παντού. Είναι απλά τέλεια. Έχει 200 θερμίδες το κομμάτι.

Κάθε μέρα μαμά!

Τρουφάκια
Τρουφάκια νηστίσιμα και θρεπτικά

Υλικά:
1 Βιτάμ
1,5 φλυτζ. τσαγιού νιφάδες βρώμης
1 κουβερτούρα
3/4 φλυτζ. τσαγιού ζάχαρη άχνη
2 κουτ. σούπας κακάο σκόνη
1/2 κουτ. γλυκού νες καφέ
1 κουτ. γλυκού ζάχαρη, τρούφα για πασπάλισμα ή ινδοκάρυδο ή καρύδια κοπανισμένα.

Εκτέλεση:
Βάζετε σ' ένα κατσαρολάκι 1 φλυτζ. του καφέ νερό, 1 κουτ. γλυκού κακάο (το παίρνετε από τις 2 κουτ. σούπας κακάο), το 1/2 κουτ. γλυκού νες καφέ και το 1 κουτ. γλυκού ζάχαρη. Μόλις πάρει βράση, ρίχνετε μέσα το Βιτάμ και την κουβερτούρα και τα ανακατεύετε μέχρι να λιώσουν, μετά το τραβάτε από τη φωτιά και προσθέτετε τις νιφάδες βρώμης, το υπόλοιπο κακάο και την ζάχαρη άχνη, τα ανακατεύετε να ενωθούν καλά όλα τα υλικά. Τα πλάθετε σε μπαλάκια και τα πασπαλίζετε με τρούφα.

Παρατήρηση: Αν το μίγμα σας γίνει πιο αραιό, προσθέστε λίγες νιφάδες βρώμης ακόμη και, αν τα θέλετε πιο γλυκά, βάλτε περισσότερη άχνη.

Αν θέλετε μπορείτε να μην τα κάνετε νηστίσιμα, απλά αντικαταστήστε τις νιφάδες βρώμης με 1,5 πακέτο μπισκότα πτι-μπερ χοντροτριμμένα στο μπλέντερ. Επίσης αντί πτι-μπερ μπορείτε να βάλετε μπισκότα oreo.

Πορτοκαλόπιτα

Υλικά:
1 πακέτο φύλλο κρούστας (του μισού κιλού)
1 κεσεδάκι γιαούρτι αγελάδος (200γρ)
1 φλιτζάνι τσαγιού καλαμποκέλαιο
1 φλιτζάνι τσαγιού ζάχαρη
4 αυγά, 1 μπέικιν πάουντερ
ξύσμα από 2 πορτοκάλια

Υλικά για το σιρόπι:
Χυμός από 2 πορτοκάλια
2 ποτήρια νερό
1 1/2 νεροπότηρα ζάχαρη

Εκτέλεση:
Παίρνετε ένα μέτριο ταψί (28 με 30 εκ), το λαδώνετε και τοποθετείτε τα φύλλα σουρωτά το ένα δίπλα στ' άλλο (σαν ακορντεόν). Σε ένα μπολ χτυπάτε όλα τα υπόλοιπα υλικά να ενωθούν και τα περιχύνετε πάνω από τα φύλλα. Ψήνετε στους 200 βαθμούς κελσίου περίπου 45 με 50 λεπτά, μέχρι να γίνει στέρεο το μίγμα και να ροδοκοκκινίσει. Μέχρι να ψηθεί ετοιμάζετε το σιρόπι, το βράζετε για 5 λεπτά και το ρίχνετε στην πορτοκαλόπιτα μόλις τη βγάλετε από το φούρνο. Την αφήνετε για μισή ώρα να ρουφήξει καλά το σιρόπι και μετά σερβίρετε.

Ροξάκια

Υλικά:
1 1/2 νεροπότηρο καλαμποκέλαιο
1 1/2 νεροπότηρο γάλα
3 αυγά
1 μπέικιν πάουντερ
1/2 φακελάκι μαγιά
3 κουτ. της σούπας κακάο σκόνη
Αλεύρι όσο πάρει, για όλες τις χρήσεις (η ζύμη να είναι μαλακή και να πλάθεται εύκολα)

Υλικά για το σιρόπι:
1 κιλό ζάχαρη (αν δεν τα θέλετε πολύ γλυκά χρησιμοποιήστε 800 γρ. ζάχαρη)
4 ποτήρια νερό
2 κουταλιές της σούπας χυμό λεμονιού

Εκτέλεση:
Βάζετε όλα τα υλικά σε ένα μπολ εκτός από το αλεύρι και το κακάο, ανακατεύετε καλά και προσθέτετε σιγά σιγά το αλεύρι. Πριν βάλετε όλο το αλεύρι που χρειάζεται, χωρίζετε τη ζύμη σε δυο κομμάτια. Στη μια συμπληρώνετε κι άλλο αλεύρι και στην άλλη το κακάο. Θα πρέπει και οι δυο ζύμες να έχουν την ίδια σύσταση. Αφού ολοκληρώσετε το ζύμωμα χωρίστε την κάθε ζύμη σε μικρά μπαλάκια. Για κάθε ροξάκι παίρνετε δυο μπαλάκια, 1 άσπρο κι ένα καφέ, τα πλάθετε και τα δυο σε κορδόνια, τα βάζετε δίπλα δίπλα, τα στρίβετε και ενώνετε τις άκρες τους κυκλικά. Ψήνετε στους 200 βαθμούς με αέρα για περίπου μισή ώρα, να ροδοκοκκινίσουν. Μόλις φτιάξετε το σιρόπι το αφήνετε 5 λεπτά εκτός φωτιάς και μετά βουτάτε μέσα σ' αυτό τα ροξάκια, τα αφήνετε για μερικά δευτερόλεπτα και τα βγάζετε στο ταψί. Μόλις τελειώσετε αδειάστε το υπόλοιπο σιρόπι στο ταψί να το ρουφήξουν. Αν σας βγουν πολλά σιροπιάστε τα μισά και τα υπόλοιπα φυλάξτε τα στην κατάψυξη.

Πίτσα

Υλικά για τη ζύμη:
1 φακελάκι μαγιά
1 ποτήρι νερό χλιαρό
1/2 κουτ. του γλυκού αλάτι
1 κουτ. της σούπας σπορέλαιο ή καλαμποκέλαιο
αλεύρι για όλες τις χρήσεις,
όσο πάρει για μια ζύμη μαλακή

Υλικά για τη Γέμιση:
10 φέτες γαλοπούλας ή
ψιλοκομμένες φετούλες παριζάκι
1 κομμάτι τυρί φέτα
λίγες ελιές
λίγο τοματοχυμό
1 πιπεριά κόκκινη ή πράσινη
1 ντομάτα κομμένη σε φέτες ή μερικά ντοματίνια
τριμμένο κασέρι τύπου γκούντα
4-5 μανιτάρια ψιλοκομμένα
λίγη ρίγανη

Εκτέλεση:
Αφού ζυμώσετε τη ζύμη, αφήστε τη να φουσκώσει για μισή ώρα. Μόλις φουσκώσει απλώστε την σε λαδωμένο ταψί, αλείψτε την με λίγο τοματοχυμό και αραδιάστε πρώτα τη γαλοπούλα και τις ελιές, μετά τη φέτα τριμμένη και μετά το κασέρι. Από πάνω ψιλοκόψτε τα μανιτάρια και την πιπεριά. Στο τέλος βάζετε τα ντοματίνια και τη ρίγανη και την ψήνετε για μισή ώρα περίπου στους 200 βαθμούς κελσίου. Βέβαια μπορείτε να βάλετε και άλλα υλικά της προτίμησης σας.

Τάρτα με κολοκυθάκι

Υλικά για την τάρτα:
200 γρ. Βιτάμ soft
1 αυγό, 2 κουτ. του γλυκού μπέικιν πάουντερ
αλεύρι όσο πάρει για μια ζύμη μαλακή
(για όλες τις χρήσεις).

Εκτέλεση:
Τρυπάτε τη ζύμη με ένα πιρούνι και την προψήνετε μέχρι να ετοιμάσετε τη γέμιση στους 200 βαθμούς κελσίου στον αέρα για 7 λεπτά.

Υλικά για τη Γέμιση:
2 Μέτρια κολοκυθάκια
1 αυγό
1 κομμάτι τυρί φέτα
Λίγο κασέρι (το μισό μέσα στη γέμιση
και το μισό τριμμένο από πάνω)
Άνηθο, πιπέρι
Προαιρετικά ψιλοκομμένες ελιές

Εκτέλεση:
Καθαρίζετε τα κολοκυθάκια, τα τρίβετε και τα σοτάρετε σε ένα τηγάνι να πιουν τα υγρά τους, προσθέτετε τα μυρωδικά το τυρί, το κασέρι ανακατεμένα με το αυγό. Αδειάζετε τη γέμιση στη τάρτα και ψήνετε για άλλη μισή ώρα στους 200 βαθμούς.

Μελομακάρονα

Υλικά:
1 φλυτζ. τσαγιού ελαιόλαδο
2 φλυτζ. τσαγιού καλαμποκέλαιο
1 φλυτζ. τσαγιού ζάχαρη
1/2 φλυτζ. τσαγιού χυμό πορτοκαλιού +
1 κουτ. σούπας ξύσμα πορτοκαλιού
1/2 φλυτζ. τσαγιού κονιάκ
2 κουτ. του γλυκού μπέικιν πάουντερ
1 κουτ. γλυκού σόδα του φαγητού
1 κουτ. σούπας κανέλα + γαρύφαλο σκόνη
10- 12 φλυτζ. τσαγιού αλεύρι για όλες τις χρήσεις
(για μια ζύμη μαλακή)
1/2 κιλό καρύδια για πασπάλισμα

Υλικά για το σιρόπι:
4 φλυτζ. τσαγιού νερό
1,5 φλυτζ. τσαγιού μέλι
3 φλυτζ. τσαγιού ζάχαρη
1 ξυλάκι κανέλας, λίγη φλούδα λεμονιού
και το χυμό μισού λεμονιού

Εκτέλεση:
Βάζετε όλα τα υλικά μαζί σ' ένα μπολ. Τη σόδα διαλύστε την στο κονιάκ και μετά ρίξτε την. Ανακατεύετε λίγο να λιώσει η ζάχαρη και προσθέτετε λίγο λίγο το αλεύρι. Τα πλάθετε ομοιόμορφα και τα ψήνετε στον αέρα στους 180 βαθμούς κελσίου για 20-30 λεπτά. Γίνονται περίπου 50 κομμάτια.

Σιρόπι:
Βάζετε όλα τα υλικά στην κατσαρόλα και ανακατεύετε καλά μέχρι να διαλυθούν. Βράζετε για 7 λεπτά περίπου και είναι έτοιμο. Μόλις σταματήσει ο βρασμός βουτάτε σ' αυτό τα μελομακάρονα που έχουν κρυώσει. Μετά τα βγάζετε πάλι στο ταψί να αλείφετε με ένα πινελάκι με λίγο μέλι και τα πασπαλίζετε με το καρύδι. Χρησιμοποιείστε για το ταψί λαδόκολλα.

Κουραμπιέδες

Υλικά:

2 Πακέτα των 250 γρ καλό βούτυρο, όποιο θέλετε. (Αν αντικαταστήσετε το καλό βούτυρο με 1 Βιτάμ + 1 νεροπότηρο καλαμποκέλαιο γίνονται νηστίσιμοι)
6 κουτ. της σούπας ζάχαρη
6 κουτ. της σούπας ινδοκάρυδο
1 μπέικιν πάουντερ
1/2 κουτ. του γλυκού σόδα του φαγητού
4 κουτ. της σούπας κονιάκ
1/2 κουτ. του γλυκού γαρύφαλλο τριμμένο
250 γρ. αμύγδαλα καβουρδισμένα
Αλεύρι για όλες τις χρήσεις, όσο πάρει (περίπου 1 κιλό) για μια ζύμη μαλακή
Άχνη για πασπάλισμα

Εκτέλεση:

Βάζετε σε μια λεκανίτσα το βούτυρο λιωμένο και προσθέτετε τη ζάχαρη, ανακατεύετε μέχρι να λιώσει, διαλύετε τη σόδα στο κονιάκ και το ρίχνετε κι αυτό. Βάζετε και τα υπόλοιπα υλικά -εκτός από τα αμύγδαλα- το αλεύρι και την άχνη. Ρίχνετε λίγο λίγο το αλεύρι μέχρι να γίνει η ζύμη μαλακή και προσθέτετε τα καβουρδισμένα αμύγδαλα ή ολόκληρα ή χοντροκομμένα. Τα πλάθετε σε ό,τι σχήμα θέλετε όχι πολύ χοντρά, τα βάζετε σ' ένα ταψί με λαδόκολλα και τα ψήνετε στους 180 βαθμούς Κελσίου μέχρι να ροδίσουν. Μόλις ψηθούν τα αφήνετε να κρυώσουν και μετά τα πασπαλίζετε με την άχνη. Γίνονται περίπου 50 κομμάτια.

ΜΥΣΤΙΚΑ ΜΑΓΕΙΡΙΚΗΣ

Τι να κάνετε για να γίνουν οι σούπες σας νόστιμες χωρίς αυγολέμονο:

Αφού βάλετε όλα τα υλικά που θέλετε για τη σούπα σας να βράσουν, προσθέστε στην κατσαρόλα 1 πατάτα, 1 καρότο και 1 μέτριο κρεμμύδι. ολόκληρα. Μόλις βράσουν, τα αφαιρείτε και τα αλέθετε στο μπλέντερ μαζί με λίγο ζωμό από το φαί και το λεμόνι που θέλετε να βάλετε. Τα ρίχνετε στη σούπα, ανακατεύετε καλά, προσθέτετε το λάδι, τ' αφήνετε να βράσουν άλλα 5 λεπτά και η σούπα σας είναι έτοιμη και πεντανόστιμη!

Πώς να καθαρίσετε εύκολα τις ψημένες πιπεριές:

Αφού τις ψήσετε δέστε τες σε μια σακούλα και βάλτε τες για 10 λεπτά στη κατάψυξη. Μ' αυτόν τον τρόπο δε θα καίγεστε όταν τις καθαρίζετε και θα ξεφλουδίζονται πολύ εύκολα.

Πώς να μη μαραίνονται γρήγορα οι σαλάτες που περιέχουν μαρούλι, ρόκα και άλλα φρέσκα χόρτα:

Μη ρίχνετε απευθείας πάνω τους αλάτι, είναι καλύτερα να το βάλετε κι αυτό στη σως που θα ετοιμάσετε για τη σαλάτα.

Τι να κάνετε για να μη μουχλιάζει η σάλτσα σας:

Μόλις την ανοίξετε ρίξτε από πάνω μια κουταλιά ελαιόλαδο.

Πώς να χρησιμοποιήσετε σωστά τις πατάτες:

Όταν θέλετε να τις κάνετε τηγανητές, καθαρίστε τες και ψιλοκόψτε τες ή μακρόστενες ή στρόγγυλες και όταν τις τηγανίσετε βγάλτε τες σε απορροφητικό χαρτί, μετά τραβήξτε το χαρτί και φάτε τες.

Όταν θέλετε να τις κάνετε πατατοσαλάτα, πρώτα τις πλένετε και μετά τις βράζετε με τη φλούδα.

Όταν θέλετε να τις κάνετε πουρέ τις καθαρίζετε, τις κόβετε σε μικρά κομμάτια και τις βράζετε σε μια κατσαρόλα που έχει μισό νερό, μισό γάλα.

Πώς να έχετε πάντα φρέσκα μυρωδικά στη κουζίνα σας:

Αγοράζετε τα μυρωδικά που θέλετε φρέσκα, τα πλένετε και τα στεγνώνετε καλά και μετά αφαιρείτε τα φύλλα από τα κοτσάνια, πετάτε τα δεύτερα και αποθηκεύετε τα φύλλα χωρίς να τα κόψετε σε τάπερ ή σακουλάκια τροφίμων στη κατάψυξη.

Πώς να κάνετε τα μπιφτέκια σας αφράτα:

Λίγο πριν τηγανίσετε ή ψήσετε τα μπιφτέκια σας, προσθέστε 4-5 κουτ. της σούπας νερό και ξαναζυμώστε, πλάστε τα απαλά όχι πολύ λεπτά και ψήστε τα σε μέτριο φούρνο. Άλλη εναλλακτική είναι να αντικαταστήσετε το νερό με σουρωτή.

Τι να κάνετε για να μη κιτρινίζει το βούτυρο από πάνω:

Όταν θα το ανοίξετε και βγάλετε το ασημόχαρτο της συσκευασίας του, βάλτε από πάνω ένα κομμάτι λαδόκολλα στα μέτρα του.

Για να μη σας κολλήσει το γάλα στο μπρίκι τι πρέπει να κάνετε:
Να ξεπλένετε το μπρίκι με νερό.

Πως να ξεκολλάνε τα ψητά ψάρια από τη σχάρα ή το σχαροτήγανο:
:Πρέπει να κάψετε καλά τη σχάρα ή το σχαροτήγανο και μετά να το λαδώσετε πριν βάλετε τα ψάρια να ψηθούν.

Πώς να κάνετε την τηγανιά σας μαλακή
Σοτάρετε το κρέας στη χύτρα μαζί με κρεμμύδια και λίγη ρίγανη και σβήνετε με 1 ποτήρι κρασί λευκό ή κόκκινο και το κλείνετε στη χύτρα για 10 λεπτά στη πρώτη σκάλα. Μετά βγάζετε τα κομμάτια του κρέατος με τη τρυπητή κουτάλα σε ένα τηγάνι και με λίγο ελαιόλαδο τα σοτάρετε 5 λεπτά να κοκκινίσουν. Σβήνετε με λεμόνι. Αν θέλετε να αποφύγετε το τηγάνι, αδειάστε το κρέας σε ένα πυρέξ με λίγο από το ζουμί του και λεμόνι και βάλτε το στο φούρνο για 10 λεπτά στους 250 βαθμούς Κελσίου.

ΠΑΡΑΜΥΘΙΑ – ΙΣΤΟΡΙΟΥΛΕΣ – ΘΕΑΤΡΙΚΑ ΣΚΕΤΣΑΚΙΑ

Ο ΚΥΡΙΟΣ ΜΗΛΑΡΑΚΗΣ ΣΥΝΑΝΤΑ ΤΗΝ ΚΥΡΙΑ ΠΟΡΤΟΚΑΛΙΤΣΑ ΜΕΤΑ ΑΠΟ ΤΙΣ ΚΑΛΟΚΑΙΡΙΝΕΣ ΔΙΑΚΟΠΕΣ

-Ω, Καλημέρα σας, ποιά είστε; Πρώτη φορά σας βλέπω στη γειτονιά μας.

-Αλήθεια, κύριε Μηλαράκη, δε με γνώρισες;

-Όχι, γιατί εσείς με γνωρίζετε;

-Και βέβαια, αν και από τον πολύ ήλιο γίνατε κατακόκκινος και τρόμαξα να σας γνωρίσω. Η κυρία Πορτοκαλίτσα είμαι.

-Τι; Η κυρία Πορτοκαλίτσα; Χα χα χα χα! ξεκαρδίστηκε στα γέλια ο κύριος Μηλαράκης.

-Δεν καταλαβαίνω, γιατί γελάς;

Κάθε μέρα μαμά!

 -Ω, συγνώμη αλλά όταν σας είδα πριν τις διακοπές ήσασταν καταπράσινη και πολύ αδύνατη, τώρα έχετε φουσκώσει σαν μπαλόνι. Φοράτε κι αυτό το πορτοκαλί φόρεμα! ξαναγέλασε ο κύριος Μηλαράκης που δεν μπόρεσε να κρατηθεί.

-Δεν κοιτάς τα χάλια σου λέω εγώ, του είπε θυμωμένη η κυρία Πορτοκαλίτσα.

 -Τι εννοείς, ποιά χάλια; Εγώ έγινα απλά ροδοκόκκινος.

-Τη μύτη σου, δεν τη βλέπεις; Είναι σαν κόκκινη μελιτζάνα, δε θα θέλει να σε πλησιάσει καμία μ' αυτή τη μύτη.

 -Θες να πεις ότι είμαι άσχημος;

-Κι εσύ έτσι δεν είπες για μένα; Όλο με κοροϊδεύεις. Σσσσ! Κάνε ησυχία, κάποιοι έρχονται.

Δυο κύριοι πλησίασαν. Μίλησε ο πρώτος:
-Αυτά είναι φίλε μου, από δω θα μαζέψω πορτοκάλια. Φαίνονται πανέμορφα με ωραίο χρώμα και ζουμερά. Δοκίμασε ένα.

Απάντησε ο άλλος:
-Κι εγώ θα μαζέψω αυτά τα πανέμορφα, σκληρά και κατακόκκινα μήλα.

Δοκίμασε κι αυτός ένα μήλο. Και οι δυο έφυγαν ευχαριστημένοι.

Πρώτη μίλησε η κυρία Πορτοκαλίτσα:
-Είδες τελικά είμαι και πανέμορφη και ζουμερή.

-Ναι άκουσα. Κι εγώ είμαι πανέμορφος, σκληρός με ωραίο χρώμα. Το βασικότερο όμως είναι ότι είμαι θεραπευτικό με πολλές βιταμίνες και δεν αφήνω να αρρωστήσουν οι άνθρωποι. "Ένα μήλο την ημέρα τον γιατρό τον κάνει πέρα"

-Μόνος σου δεν κάνεις τίποτα, χρειάζεσαι και μένα, ο χυμός μου είναι γεμάτος βιταμινη C και τον πίνουν όλοι και γίνονται δυνατοί. Γι αυτό πρέπει να είμαστε αχώριστοι. Τι λες, φίλοι για πάντα;

-Ναι, φίλοι για πάντα.

Ο κύριος Μηλαράκης και η κυρία Πορτοκαλίτσα αγκαλιάστηκαν και φιλήθηκαν και έμειναν φίλοι για πάντα!

Ο ΘΥΜΩΜΕΝΟΣ ΛΟΥΚΑΣ ΣΥΝΑΝΤΑ ΤΟΝ ΘΥΜΩΜΕΝΟ ΡΙΚΟ

Ο Λουκάς ζούσε με τους γονείς του σε μια μεγάλη πόλη και πήγαινε στην τρίτη τάξη του δημοτικού. Μια μέρα σχόλασε νωρίτερα από το σχολείο και, γυρίζοντας στο σπίτι, βρήκε τους γονείς του να μαλώνουν και να πετούν πράγματα ο ένας στον άλλον φωνάζοντας «Τέλος! Δεν πάει άλλο, χωρίζουμε, διαζύγιο!»

Ο Λουκάς προσπάθησε να τους σταματήσει αλλά εκείνοι από τον θυμό τους ούτε που τον είδαν. Τότε ο Λουκάς φώναξε δυνατά:

-Φτάνει, αν δε σταματήσετε, θα φύγω τώρα.

Δυστυχώς, οι γονείς του δεν άκουγαν τίποτα, έτσι ο Λουκάς άνοιξε την πόρτα και έφυγε. Δεν τον σταμάτησε κανείς τους, αφού εκείνοι συνέχιζαν κανονικά τον καβγά τους. Ο Λουκάς πήγε στο πάρκο της γειτονιάς και άρχισε να πετά πέτρες στην τσουλήθρα, ώσπου ξαφνικά άκουσε μια φωνή:

-Ει! Ποιος πετάει πέτρες;
Τότε ο Λουκάς είδε ένα παιδί, στην ηλικία του, που καθόταν πίσω από την τσουλήθρα και έκλαιγε.
-Ω συγνώμη, δε σε είδα εδώ που κάθεσαι. Γιατί κλαις;
-Να μη σε νοιάζει. Εσύ γιατί πετάς πέτρες;
-Γιατί είμαι πολύ θυμωμένος, είπε ο Λουκάς.
-Κι εσύ; Γιατί;
-Γιατί οι γονείς μου μαλώνουν και θα χωρίσουν, χωρίς να τους νοιάζει για μένα.
-Αλήθεια λες;
-Ναι, γιατί;
-Γιατί κι εγώ γι' αυτό κλαίω, απάντησε ο Ρίκο.
-Πώς σε λένε;
-Ρίκο, εσένα;
-Λουκά. Το Ρίκο από πού βγαίνει;
-Από το Φρειδερίκο, το όνομα του παππού μου.
-Α, μάλιστα. Του Λουκά του φάνηκε λίγο αστείο αλλά δεν το σχολίασε, μόνο ρώτησε: Εσένα γιατί χωρίζουν;
-Γιατί, λέει, δεν ταιριάζουν! Έπρεπε να γίνω εννιά χρονών για να το καταλάβουν! Εσένα;
-Δεν κατάλαβα. Γινόταν χαμός στο σπίτι, ο ένας πετούσε πράγματα στο άλλον, εγώ τους μίλησα, αλλά δε μου έδωσαν καμία σημασία.
-Με το δίκιο σου θύμωσες, τελικά, αν και μεγαλύτεροι, δεν έχουν καθόλου μυαλό.
-Πρέπει κάτι να κάνουμε να τους βάλουμε εμείς μυαλό.
-Τι εννοείς;
-Δεν ξέρω ας σκεφτούμε κάτι.
Άρχισαν να σκέφτονται. Ξαφνικά ο Ρίκο πετάχτηκε όρθιος και είπε:
-Έχω μια ιδέα!
-Τι ιδέα; Λέγε;
-Να γράψουμε στον καθένα τους ένα γράμμα που να λέει: «Συνέλθετε έχετε και ένα παιδί ή μήπως το ξεχάσατε;» με την υπογραφή «Σύλλογος γονέων και Κηδε-

μόνων». Και για να μην καταλάβουν τα γράμματα μας, θα το κάνουμε σ' έναν υπολογιστή. Πώς σου φαίνεται η ιδέα μου;

   -Πω πω, φοβερή ιδέα και ξέρω που θα βρούμε υπολογιστή. Η μεγαλύτερη αδερφή ενός φίλου μου έχει, εδώ κοντά είναι. Τι λες, πάμε;

   -Ναι, φύγαμε.

   Έτσι και έγινε, έφτιαξαν τα γράμματα και τα έστειλαν.

   Οι γονείς τους, μόλις τα διάβασαν ντράπηκαν και έτρεξαν στο Σύλλογο να ρωτήσουν πώς το έμαθαν. Όταν διαπίστωσαν ότι εκεί δε γνώριζαν τίποτα, κατάλαβαν ότι ήταν μήνυμα από τα παιδιά τους και άρχισαν να τους εξηγούν την κατάσταση και να ασχολούνται επιτέλους μαζί τους.

   Ο Λουκάς μετά από τρεις βδομάδες συνάντησε πάλι στο πάρκο το Ρίκο και τον ρώτησε τι έγινε:

   -Λοιπόν πώς πήγε, πώς είναι η κατάσταση στο σπίτι σου;

   -Καλύτερη, αν και τελικά θα χωρίσουν. Οι δικοί σου;

   -Ναι, και σε μένα το ίδιο, θα πάρουν διαζύγιο. Αλλά με το κόλπο μας νομίζω ότι τους βάλαμε λίγο μυαλό.

   -Αυτό είναι αλήθεια. Ξέρεις κάτι, από αυτούς τους χωρισμούς έγινε και κάτι καλό, γνώρισα έναν καινούργιο φίλο, εσένα.

   -Ναι, κι εγώ.

   Έδωσαν τα χέρια και έγιναν δυο καλοί φίλοι.

Ευαγγελία Τσιακίρη

Ο ΝΙΝΟ ΚΑΙ ΤΑ ΠΑΙΧΝΙΔΙΑ ΤΟΥ
ΜΑΘΕΤΕ ΣΤΟ ΠΑΙΔΙ ΣΑΣ
ΝΑ ΜΟΙΡΑΖΕΤΑΙ ΤΑ ΠΑΙΧΝΙΔΙΑ ΤΟΥ

Η Ζαφειρούλα, ένα γλυκό κορίτσι από χωριό, επισκέφτηκε για πρώτη φορά, τον φίλο της τον Νίνο στην πόλη.

Όταν την είδε ο Νίνο την αγκάλιασε και της είπε:

-Ζαφειρούλα, επιτέλους ήρθες και στην πόλη μου, όλο εγώ ερχόμουν στο χωριό σου!

-Ναι, ήρθα, αλλά τρόμαξα πάρα πολύ όταν φτάσαμε.

-Γιατί τρόμαξες;

-Γιατί εδώ όλα πηγαίνουν πολύ γρήγορα και γίνεται χαμόοος.

-Χα, χα, Ζαφειρούλα έχεις πολύ πλάκα.

-Μη γελάς, Νίνο, είναι σοβαρό το θέμα.

-Καλά, καλά. Άσε τώρα το θέμα και πες μου είναι αλήθεια αυτό που είπε η μαμά σου; Θα καθίσετε μια βδομάδα;

-Ναι, αλήθεια είναι.

Κάθε μέρα μαμά!

Άρχισαν να χοροπηδούν και οι δυο χαρούμενοι και να φωνάζουν γιούπιιιι!
Ο Νίνο σταμάτησε και της είπε:
-Ωραία, έλα, πάμε να σου δείξω το δωμάτιό μου.
Προχώρησαν προς τα κει.
-Νίνο, έχετε μεγάλο σπίτι αν και είστε ψηλά, είπε η Ζαφειρούλα.
-Κι εσείς μεγάλο έχετε.
-Ναι, αλλά ακουμπάει στη γη.
Μόλις είδε τα παιχνίδια του Νίνου είπε:
- Πω, πω δεν ήξερα ότι είχατε μαγαζί με παιχνίδια.
-Όχι, δεν έχουμε μαγαζί, Ζαφειρούλα, αυτά είναι τα παιχνίδια μου.
-Σοβαρά μιλάς; Αυτά είναι πάρα πολλά.
-Ε, όχι και πολλά... Εσύ πόσα έχεις;
-Έχω τη φάρμα με τα ζωάκια μου, τις κούκλες με τα ρούχα τους και τα παραμύθια μου.
-Τα παραμύθια δεν είναι παιχνίδια. Δε βαριέσαι μόνο μ' αυτά;
-Εγώ καλά καλά δεν προλαβαίνω να τα παίξω, γιατί παίζω με τους φίλους μου κρυφτό, κυνηγητό, μήλα και πολλά άλλα. Εσύ δεν παίζεις έξω με τους φίλους σου;
-Όχι, δε μ' αφήνει η μαμά μου, γιατί έχει πολλά αυτοκίνητα και τρέχουν πολύ.
-Ναι, ναι, τα είδα. Άντε, πάμε να δούμε τα παιχνίδια σου, γιατί είναι πάρα πολλά και δε θα προλάβουμε.
Μόλις πήγε η Ζαφειρούλα ν' ανοίξει ένα παιχνίδι ο Νίνο φώναξε:
-Μη, πρόσεχε, άστο αυτό, θα το σπάσεις.
Η Ζαφειρούλα το άφησε και πήρε ένα άλλο.
Ο Νίνο πάλι φώναξε:
-Μη, μη, πρόσεχε, τι κάνεις; Θα σου πέσει, άστο αυτό.
-Η Ζαφειρούλα το άφησε κι αυτό. Πήγε λίγο πιο πέρα και έπιασε ένα άλλο. Ο Νίνο πάλι τα ίδια:
-Μη, σου λέω, είσαι τσαπατσούλα, θα το χαλάσεις.

-Ουφ, βαρέθηκα... και τι είναι αυτή η «τσαπαστούλα» με κοροϊδεύεις; Μαμάαα, θέλω να φύγουμε.

Η Ζαφειρούλα έτρεξε στη μαμά της κλαίγοντας:

-Μαμά, ο Νίνο με είπε τσαπαστούλα.

Η μαμά της τη ρώτησε:

-Τι τσαπαστούλα, τι είναι αυτό; Τι πάθατε;

Ο Νίνο έτρεξε κι αυτός από πίσω της και απάντησε:

-Εγώ «τσαπατσούλα» είπα.

Η Ζαφειρούλα έκλαιγε δυνατά και ήθελε να φύγει. Ο Νίνο άρχισε να στεναχωριέται που ήθελε να φύγει η φίλη του, το είπε στη μαμά του κι εκείνη τον συμβούλεψε να της ζητήσει συγνώμη και να την παρακαλέσει να μείνει.

Ο Νίνο σκέφτηκε πως αν έφευγε η Ζαφειρούλα, θα έπαιζε πάλι μόνος του και θα βαριόταν, έτσι αποφάσισε και της ζήτησε συγνώμη.

Η Ζαφειρούλα νευριασμένη του είπε:

-Σε συγχωρώ, αλλά το όνομα μου είναι Ζαφειρούλα όχι τσαπαστούλα, άκουσες;

-Τσαπατσούλα το λένε.

-Αυτό, σε συγχωρώ όμως γιατί είσαι φίλος μου.

Όλη την εβδομάδα έπαιξαν, γέλασαν και πέρασαν πολύ ωραία. Ο Νίνο ενθουσιασμένος της χάρισε μερικά από τα παιχνίδια του, όταν έφευγε και εκείνη του είπε:

-Σ' ευχαριστώ, Νίνο, θα τα παίξουμε όλα μαζί όταν έρθεις στο χωριό.

Αποχαιρέτησαν ο ένας τον άλλον και ήταν λυπημένοι που θα χώριζαν. Ο Νίνο όταν πήγε στο δωμάτιό του, διαπίστωσε ότι δεν του έλειπαν τα παιχνίδια του, ήταν εκεί. Εκείνο που έλειπε ήταν η Ζαφειρούλα, η φίλη του...

ΤΟ ΛΥΠΗΜΕΝΟ ΒΙΒΛΙΟ

Ζούσε, μια φορά, σε μια ψηλή ξύλινη βιβλιοθήκη, ένα βιβλίο που ήταν πολύ λυπημένο και όλο έκλαιγε.
Ένα παραμύθι, που ήταν εκεί δίπλα, το ρώτησε:
-Έι! Εσύ γιατί κλαις;
-Τι γιατί, δε βλέπεις; Όλες μου οι σελίδες έχουν σκισμένα κομμάτια! Πώς να μην κλαίω;
-Αλήθεια, είσαι περίεργο βιβλίο, γιατί είσαι έτσι;
-Γιατί κάποια παιδάκια έσκισαν τα βιβλία τους και εγώ έχω τα κομμάτια τους και κάθε κομμάτι είναι λυπημένο που το σκίσανε, γι' αυτό κι εγώ είμαι έτσι.
-Πω πω τι κρίμα! Με το δίκιο σου είσαι λυπημένο και για να είσαι εδώ, μάλλον και εδώ μένουν παιδάκια που σκίζουν τα βιβλία. Ωχ! Αρχίζω και φοβάμαι, λες να καταλήξω κι εγώ στις σελίδες σου;
-As ελπίσουμε πως όχι.
-Λοιπόν «λυπημένο βιβλίο» έχω μια ιδέα.
-Τι ιδέα;
-Θα συνεννοηθούμε όλα τα βιβλία εδώ και θα εξαφανιστούμε για λίγες μέρες, θα κρυφτούμε για να μας ψάχνουν τα παιδάκια. Έτσι ίσως καταλάβουν την αξία μας.
-Μμμ... μου φαίνεται καλή ιδέα!
Και έτσι έγινε.
Την άλλη μέρα το πρωί τα δυο αδερφάκια που έμεναν εκεί, άρχισαν να ψάχνουν τα βιβλία τους και δεν τα έβρισκαν πουθενά. Οι μέρες περνούσαν κι εκείνα άφαντα. Τα παιδιά άρχισαν να στεναχωριούνται, να κλαίνε και να ζητούν τα βιβλία τους. Όταν είδαν έτσι τα παιδιά ξαναγύρισαν στη θέση τους τα βιβλία. Μόλις τα είδαν τα παιδιά ξετρελάθηκαν από τη χαρά τους.
Το μεγάλο παιδάκι, έπιασε στα χέρια του «το λυπημένο βιβλίο» και από τη χαρά του άρχισε να το βάφει με πολλά χρώματα και να του κολλάει όμορφα αυτοκόλλητα.
«Το λυπημένο βιβλίο» άρχισε πλέον να χαμογελά και από λυπημένο βιβλίο, έγινε ένα χρωματιστό χαρούμενο βιβλίο!

Ευαγγελία Τσιακίρη

Η ΓΙΑΓΙΑ ΚΟΜΦΕΤΟΥΛΑ ΚΑΙ Ο ΠΑΠΠΟΥΣ ΣΕΡΠΑΝΤΙΝΑΣ ΘΥΜΟΥΝΤΑΙ ΤΑ ΠΑΛΙΑ

-ΓΙΑΓΙΑ ΚΟΜΦΕΤΟΥΛΑ (Γ. Κ.): Καλησπέρα, παππού Σερπαντίνα. Τι κάνετε, έχω πολλές μέρες να σας δω. Πού χαθήκατε;

-ΠΑΠΠΟΥΣ ΣΕΡΠΑΝΤΙΝΑΣ (Π. Σ.): Καλησπέρα, γιαγιά Κομφετούλα, είχα πάει για λίγες μέρες στην κόρη μου στο νησί.

-Γ. Κ.: Α, μάλιστα. Να σας ρωτήσω, θέλετε να έρθετε το βραδάκι να πιούμε λίγο κρασάκι και να το τσικνίσουμε, μιας και είναι Τσικνοπέμπτη και θα είμαι μόνη μου;

-Π. Σ.: Μα και βέβαια, δε θα άντεχα ν' αφήσω μόνη μια κυρία, τέτοια μέρα. Όσο για το κρασάκι, αφήστε το σε μένα είμαι ειδικός σ' αυτά, της είπε χαμογελώντας.

-Γ. Κ.: Ωραία, θα σας περιμένω γύρω στις οκτώ. Είναι καλά;

-Π. Σ.: Θαυμάσια!

Η γιαγιά Κομφετούλα ήταν χαρούμενη και άρχισε να στολίζει το σπίτι με σερπαντίνες, μάσκες και μπαλόνια. Έφτιαξε τα μαλλιά της έναν όμορφο κότσο, έβαλε το κομφετί της φόρεμα και έβαψε με λίγο κραγιόν τα χείλη της.

Το ίδιο χαρούμενος ήταν και ο παππούς Σερπαντίνας. Έβαλε το ριγέ του το κουστούμι, την αγαπημένη του κολόνια, έριξε πάνω του και μερικές σερπαντίνες και πήγε στη γιαγιά Κομφετούλα.

Άρχισαν να πίνουν, να γελούν ασταμάτητα και να θυμούνται παλιές Τσικνοπέμπτες, τότε που ήταν νέοι.

-Γ. Κ.: Θυμάσαι που είχαμε ντυθεί Ρωμαίος και Ιουλιέτα;

-Π. Σ.: Ε, πώς να μη το θυμάμαι! Τότε ήταν που ανταλλάξαμε και ένα φιλί!

Η γιαγιά Κομφετούλα κοκκίνισε από την ντροπή της.

-Π. Σ.: Θυμάσαι που είχαμε ντυθεί γιατρός και νοσοκόμα και κερδίσαμε το πρώτο βραβείο;

-Γ. Κ.: Πώς να το ξεχάσω, που γλίστρησες και έριξες

πάνω μου μια ολόκληρη τούρτα και από νοσοκόμα έγινα σωστός κλόουν!

-Π. Σ.: Το καλύτερο απ' όλα ήταν όταν ντυθήκαμε γιαγιά και παππούς και χορέψαμε το πιο ωραίο ροκ εν ρολ. Ήμασταν έτσι ακριβώς όπως είμαστε και τώρα.

-Γ. Κ.: Με μια μικρή διαφορά: τώρα είμαστε στ' αλήθεια γέροι!

-Π. Σ.: Εξωτερικά μόνο γιατί εσωτερικά θα είμαστε πάντα νέοι! Τι λες, χορεύουμε ένα ροκ εν ρολ;

Την άρπαξε από το χέρι κι άρχισαν να χορεύουν μα, πριν περάσουν πέντε λεπτά, σωριάστηκαν κάτω.

-Γ. Κ.: Σου το 'πα εγώ, γλυκέ μου, δεν είμαστε πια νέοι, δεν αντέχουν τα πόδια και η καρδιά.

-Π. Σ.: Όπως και να 'χει, για μένα ήταν οι πιο ωραίες στιγμές. Νιώθω σα να μην πέρασε μια μέρα και οι αναμνήσεις αυτές μου δίνουν δύναμη από δω και πέρα.

-Γ. Κ.: Έχεις δίκιο, και για μένα έτσι είναι.

Συνέχισαν να πίνουν, να γελούν και να θυμούνται όλο το βράδυ χαρούμενοι.

ΤΑ ΜΕΓΑΛΑ ΤΣΑΡΟΥΧΙΑ

Σε ένα χωριό, κοντά στα Γιάννενα, ζούσε ένα παιδάκι πολύ περήφανο. Ήταν ο Θοδωρούλης. Κάθε φορά, στις 25 Μαρτίου, θυμόταν τον παππού του, που πολέμησε τους Τούρκους γενναία και ένιωθε πολύ περήφανος.

Την παραμονή της 25ης Μαρτίου στο σχολείο του θα έκαναν γιορτή και ο Θοδωρούλης θα έλεγε ένα ποίημα ντυμένος τσολιάς. Η μαμά του διόρθωσε τη στολή του παππού και την έφερε στα μέτρα του. Ο Θοδωρούλης, μόλις τη φόρεσε, ένιωσε ότι ζούσε το 1821 και ήταν τόσο δυνατός, όσο ο παππούς του, ώσπου διαπίστωσε ότι κάτι του έλειπε: Δε φορούσε τσαρούχια!

Άρχισε να ψάχνει γρήγορα, ανακατεύοντας όλα τα πράγματα που ήταν στην αποθήκη. Κάποια στιγμή τα βρήκε, τα φόρεσε αλλά του ήταν τεράστια και δεν μπορούσαν να τα μικρύνουν σαν τη στολή. Ο Θοδωρούλης στενοχωρημένος άρχισε να κλαίει και η μαμά του προσπάθησε να τον καθησυχάσει. Εκείνος όμως τίποτα. Νευριασμένος καθώς ήταν, πέταξε το ένα τσαρούχι στον τοίχο και από μέσα έπεσε ένα κιτρινισμένο χαρτί. Περίεργος πήγε να δει τι είναι. Ήταν ένα χαρτί γραμμένο από τον παππού του που έλεγε:

«Τα τιμημένα μου τσαρούχια, καθώς βλέπετε είναι σαν καινούργια, γιατί εγώ πολέμησα δίχως να τα φορώ αφού με χτύπαγαν στους κάλους. Όταν όμως τα 'βγαζα και πολεμούσα, θεριό γινόμουν και ορμούσα και τους Τούρκους τους νικούσα!»

Ο Θοδωρούλης, αμέσως χαμογέλασε, έβαλε τα παπούτσια του και κρατώντας στο ένα χέρι τα τσαρούχια του παππού και στο άλλο τη σημαία, γεμάτος περηφάνια πήγε στο σχολείο και είπε το ποίημα του τόσο ωραία, που όλοι δάκρυσαν:

Παίρνω το ντουφέκι μου και πάω
Και τους Τούρκους πολεμάω
Με θάρρος και ανδρεία
Για της Ελλάδος την ελευθερία
Τη δύναμη την έχω στην καρδιά
Και όχι στα τσαρούχια και τη φορεσιά
Τη σημαία κρατώ γερά
Τους Τούρκους διώχνω με χαρά!

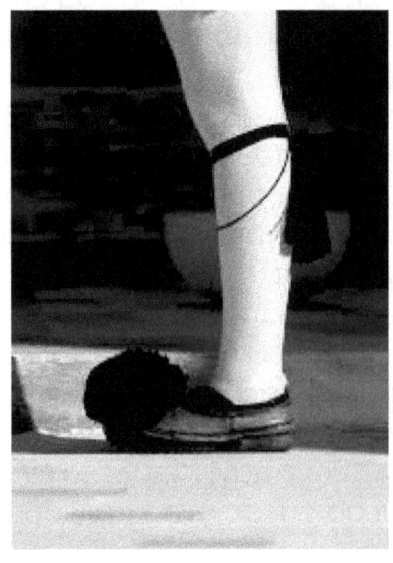

Ευαγγελία Τσιακίρη

ΟΤΑΝ Ο ΚΥΡΙΟΣ ΠΕΠΟΝΗΣ ΜΑΛΩΣΕ ΜΕ ΤΟΝ ΚΥΡΙΟ ΚΑΡΠΟΥΖΑ

Σε μια γειτονιά, σε ένα μανάβικο, έφτασαν για διακοπές ο κύριος Πεπόνης και ο κύριος Καρπούζας. Ο μανάβης, αφού στόλισε με ωραία φρούτα και λαχανικά το πάγκο του, στο κέντρο του έβαλε ένα καρπούζι και ένα πεπόνι. Το καρπούζι, όπως καταλάβατε είναι ο κύριος Καρπούζας και το πεπόνι ο κύριος Πεπόνης. Του κύριου Πεπόνη δεν του άρεσε καθόλου που τον έβαλε δίπλα στον κύριο Καρπούζα και άρχισε τη φασαρία:

-κ. Πεπόνης: Έι εσύ, δε μαζεύεις λίγο την κοιλιά σου, με στρίμωξες.

-κ. Καρπούζας: Σε μένα μιλήσατε κύριε;

-κ. Πεπόνης: Σε σένα ναι, βλέπεις κι άλλον με τέτοια κοιλιά;

-κ. Καρπούζας: Πρόσεχε λίγο πώς μιλάς, σε παρακαλώ.

-κ. Πεπόνης: Μα πώς σου μιλάω, δε φτάνει που με στρίμωξες εδώ πέρα;

-κ. Καρπούζας: Δε φταίω εγώ γι' αυτό, ο μανάβης μάς έβαλε δίπλα-δίπλα.

-κ. Πεπόνης: Άλλος κοιλαράς κι αυτός.

-κ. Καρπούζας: Μια και είμαστε δίπλα δίπλα, ας συστηθούμε λοιπόν. Εγώ είμαι ο κύριος Καρπούζας, εσύ;

-κ. Πεπόνης: Εγώ είμαι ο κύριος Πεπόνης.

-κ. Καρπούζας: Από πιο μέρος της Ελλάδος έρχεσαι;

-κ. Πεπόνης: Από την όμορφη Ζάκυνθο. Ήδη άρχισε να μου λείπει το κτήμα του κυρ- Διονύση, όπου έμενα. Εσύ;

-κ. Καρπούζας: Από την όμορφη Κρήτη, από την οικογένεια Περιβολάκη. Κι εμένα μου λείπει ο Μανωλιός που με φρόντιζε.

-κ. Πεπόνης: Δεν αντέχω εδώ στριμωγμένος, άντε να πουληθώ να φεύγω.

-κ. Καρπούζας: Πολύ βιάζεσαι, ησυχία δεν έχεις.

-κ. Πεπόνης: Και τι να κάνω δε μπορώ να στριμώχνομαι εδώ δίπλα σου με τις ώρες.

-κ. Καρπούζας: Μου φαίνεται πως είσαι λίγο ανάποδος, μου βγάζεις μια ξινίλα...

Εκείνη την ώρα ήρθε μια κυρία και πήρε τον κύριο Πεπόνη στα χέρια της. Ο κ. Πεπόνης χαμογελώντας είπε στον κ. Καρπούζα:

-Καρπούζα, άπλωσε την κοιλάρα σου τώρα, εγώ φεύγω.

Η κυρία που κρατούσε τον Πεπόνη ρώτησε τον μανάβη:

-Είναι γλυκό το πεπόνι;

-Μανάβης: Όσα έχω πάρει ήταν μέλια, αλλά για να σιγουρευτούμε να το δοκιμάσουμε.

Της έκοψε ένα κομματάκι και μόλις το δοκίμασε ξινίστηκε τόσο πολύ που δεν ήθελε να το αγοράσει.

-Μανάβης: Να σας φέρω ένα άλλο.

- Όχι, όχι, μπορώ να δοκιμάσω το καρπούζι;

-Μανάβης: Ναι, βεβαίως.

Μόλις το δοκίμασε, γέλασε και είπε:

-Είναι πολύ ωραίο και γλυκό θα το πάρω.

Ο κύριος Πεπόνης ήταν όλο νεύρα.

Ο κύριος Καρπούζας τον χαιρέτησε και του είπε:

-Οι ανάποδοι και ξινοί σαπίζουν στον πάγκο ενώ οι καλοί και κοιλαράδες φεύγουν και χαρίζουν γλύκα. Άντε γεια!

ΤΟ ΔΙΑΣΗΜΟ ΑΥΓΟ

Ήταν μια φορά ένας ζωγράφος που αποφάσισε να αγοράσει πολλά αυγά και αντί να τα βάψει για το Πάσχα, αποφάσισε να τα ζωγραφίσει -το καθένα διαφορετικά- και να τα πουλήσει. Έτσι και έκανε. Τα αυγά του γινόταν ανάρπαστα στην αγορά. Υπήρχε όμως και ένα αυγό που τον προβλημάτιζε γιατί ό,τι κι αν ζωγράφιζε πάνω του την άλλη μέρα δε φαινόταν τίποτα, γινόταν πάλι λευκό.

«Περίεργο αυγό, κι αυτό σαν να μη θέλει να πουληθεί» σκεφτόταν ο ζωγράφος. Όσες φορές κι αν προσπάθησε να το ζωγραφίσει εκείνο παρέμενε λευκό.

Το λευκό αυγό στεναχωριόταν που έφευγαν τα άλλα αυγά κι εκείνο παρέμενε συνέχεια εκεί. Νόμιζε ότι ήταν άρρωστο.

Μετά από αρκετές μέρες έγινε κάτι αναπάντεχο. Ένα παιδάκι μαζί με τη μαμά του πήγαν να αγοράσουν από τον ζωγράφο ένα αυγό, αλλά όλα τα αυγά ήταν πολύ ακριβά και δεν μπορούσαν να αγοράσουν κανένα. Τότε το παιδάκι πρόσεξε το λευκό αυγό και ρώτησε πόσο κάνει. Ο ζωγράφος μόλις το άκουσε έβαλε τα γέλια.

-Γιατί γελάτε; ρώτησε ο μικρός.

-Γιατί ξέχασα να το ζωγραφίσω αυτό το αυγό (λέγοντας ψέματα), αλλά επειδή είσαι καλό παιδάκι και σε συμπάθησα στο χαρίζω.

-Ω! σας ευχαριστώ πολύ είναι τέλειο.

Έβγαλε ένα μαντηλάκι και το τύλιξε πολύ προσεκτικά για να μη το σπάσει.

Το λευκό αυγό ήταν πολύ χαρούμενο, δεν το πίστευε ούτε το ίδιο.

Την άλλη μέρα ο μικρός με τη μαμά του, έβαψαν τα αυγά τους όλα κόκκινα και το λευκό αυγό έγινε κατακόκκινο και ξεχώριζε απ' όλα τ' άλλα, γιατί έλαμπε.

Του πήγε πάρα πολύ το κόκκινο χρώμα και δεν άλλαζε, παρέμενε συνέχεια κόκκινο.

Όταν ήρθε το Πάσχα και τσούγκρισε ο μικρός το αυγό δεν έσπασε ποτέ, ούτε όταν το πήγε στο σχολείο. Όπου κι αν πήγαινε να τσουγκρίσει, το αυγό του δεν έσπαγε. Το εξέτασαν ειδικοί για να δουν αν ήταν ψεύτικο αλλά όλα έδειχναν φυσιολογικά: ήταν ένα αληθινό αυγό. Ο μικρός έγινε διάσημος και πλούσιος μ' αυτό το αυγό. Κάποια στιγμή τον έδειξε και η τηλεόραση, τον είδε ο ζωγράφος, τον αναγνώρισε και δεν πίστευε στα μάτια του. Αυτό το μοναδικό αυγό, κάποτε το είχε στα χέρια του και το έχασε.

Το λευκό αυγό ένιωθε τώρα ο βασιλιάς των αυγών του Πάσχα και ήταν περήφανο και πολύ χαρούμενο που ήταν μαζί με τον μικρό. Και οι δυο μαζί κατάφεραν να βοηθήσουν πολλά παιδάκια που είχαν πραγματικά ανάγκη.

«ΚΑΛΟ ΠΑΣΧΑ»

ΑΓΙΟΣ ΒΑΣΙΛΗΣ ΕΡΧΕΤΑΙ ΑΠΟ ΤΗΝ ΚΑΙΣΑΡΕΙΑ... ΕΝΑ ΠΑΡΑΜΥΘΙ ΑΛΛΙΩΤΙΚΟ ΑΠΟ Τ' ΑΛΛΑ

Μια φορά και έναν καιρό, στα πολύ παλιά χρόνια, στην Καισάρεια της Καππαδοκίας, ζούσε ένας πολύ καλός άνθρωπος, ο Βασίλης. Μεγάλωσε δίπλα στον Μέγα Βασίλειο που μοίραζε ευχές σ' όλο τον κόσμο.

Ο Μέγας Βασίλειος, αν και ήταν πολύ φτωχός και με το ζόρι έτρωγε ένα πιάτο φαγητό, πάντα είχε κάτι να δώσει στους ανθρώπους και στα παιδιά.

Τα βήματά του ακολούθησε και ο Βασίλης: μοίραζε απλόχερα ευχές σε όλους και πρόσφερε αφιλοκερδώς τη βοήθειά του σε όποιον τη χρειαζόταν. Μόνο έναν δεν μπορούσε να ευχαριστήσει. Τον κύριο Στριμμενούλη που πάντα του έλεγε:

-Σιγά τις ευχές, τι να τις κάνω; Εγώ φαγητό θέλω να φάω και κανένα παιχνίδι για να παίζει το παιδί μου. Έχεις;

-Η ευχή της καλοτυχίας θα σε βοηθήσει να τα βρεις, του έλεγε ο Βασίλης.

-Πού να τα βρω, από τον ουρανό θα πέσουν στο κεφάλι μου;

-Πρέπει να με πιστέψεις, η δύναμη για να τα καταφέρεις βρίσκεται μέσα σου, έλεγε πάλι ο Βασίλης.

-Ποια δύναμη, άνθρωπε μου, εγώ έχω να φάω μέρες, σε λίγο θα πέσω κάτω.

Δυστυχώς υπήρχαν πολύ Στριμμενούληδες και ο Βασίλης στεναχωριόταν πολύ, γι' αυτό ζήτησε τη βοήθεια της κυρίας Φαντασίας που ήταν ειδική σ' αυτά. Με τα φανταστικά της κόλπα σ' έκανε άλλον άνθρωπο! Τη ρώτησε λοιπόν:

-Τι λες κυρία Φαντασία πώς να αντιμετωπίσω τους Στριμμενούληδες;

-Α, είναι λίγο δύσκολη η περίπτωσή σου. Άφησέ με λίγο να το μελετήσω και έλα αύριο να σου πω, του είπε εκείνη.

Την άλλη μέρα το πρωί ξαναπήγε και εκείνη άρχισε

να του δίνει οδηγίες. Τον πήγε σε μια μεγάλη αποθήκη και άρχισε να μιλά:

-Καταρχήν θα πρέπει να γίνεις χοντρούλης, για να αντέχεις στο κρύο. Να φορέσεις μια χαρούμενη και όμορφη στολή, κόκκινη σαν κι αυτή, είπε, δείχνοντας του μια κόκκινη στολή με άσπρη γούνα και κόκκινο σκούφο, μαύρη ζώνη και μαύρες μπότες. Να περιποιηθείς λίγο και τη γενειάδα σου. Να ταξιδεύεις και να μοιράζεις ευχές και δώρα το χειμώνα, με τα κρύα και τα χιόνια γιατί τότε χρειάζονται πιο πολύ οι άνθρωποι τη ζεστασιά της αγάπης. Γι' αυτό θα χρειαστείς ένα καλό μεταφορικό μέσο, ένα έλκηθρο με ελαφάκια. Και το κυριότερο! Θα ζητήσεις τη βοήθεια όλων των καλών ανθρώπων που γνωρίζεις και τους πλούσιους και τους φτωχούς, να βοηθήσει ο καθένας όπως μπορεί. Να συνεργαστείς με τους γονείς και να γίνεις φίλος με τα παιδιά. Να ζητήσεις και τη βοήθεια του ταχυδρόμου. Με τον τρόπο αυτό το έργο σου θα γίνει πολύ μεγάλο, θα μοιράζεις δωράκια στα παιδιά και αγάπη, χαρά και ευτυχία σε όλους. Για να το πετύχεις αυτό, καλύτερα να δουλεύεις όλο τον χρόνο με τους συνεργάτες σου σ' όλο τον κόσμο και να μοιράζεις ευχές και δώρα κάθε Πρωτοχρονιά.

Έτσι, ο Βασίλης έγινε ο «Άι- Βασίλης», ο αγαπημένος όλων μας. Η κυρία Φαντασία τελικά κατάφερε με τον φανταστικό της τρόπο, να τον αγαπήσουμε και να τον περιμένουμε κάθε χρόνο με ανυπομονησία για να γεμίσει τις καρδιές μας με αγάπη και χαρά με τα δώρα του. Και, να είστε σίγουροι πως όλοι κρύβουμε μέσα μας μια «κυρία Φαντασία»!

ΤΟ ΑΔΕΙΟ ΣΧΟΛΕΙΟ

1η Σεπτέμβρη και το σχολείο με τη βαριά σιδερένια κόκκινη πόρτα κλειστή. Πάνε τρεις μήνες τώρα που δεν πάτησε άνθρωπος. Τα χόρτα γύρω γύρω στον αυλόγυρο είχαν ψηλώσει τόσο πολύ που το κτίριο φαινόταν σαν από παραμύθι στοιχειωμένο. Στα τέλη Αυγούστου μαμάδες πηγαινοέρχονταν για να γράψουν τα παιδιά τους, αλλά τίποτα.

-Μα τι συμβαίνει, δε θ' ανοίξει το σχολείο; ρωτούσε η μια την άλλη.

-Κάτι πρέπει να κάνουμε, είπε μια μαμά.

-Ναι, δεν μπορούμε να κάτσουμε με σταυρωμένα χέρια, πώς θα μορφωθούν τα παιδιά μας; συμπλήρωσε κάποια άλλη.

Ήταν πολλοί αυτοί που αδιαφορούσαν τελείως. Ευτυχώς όμως, υπήρχε μια πολύ δυναμική γυναίκα ανάμεσα τους, η κυρία Σοφία, η μητέρα του Μίμη και της Νάνση. Τα παιδιά της θα πήγαιναν στην πέμπτη τάξη του δημοτικού σχολείου.

Η κυρία Σοφία, μια ψηλή κοκκινομάλλα γυναίκα, απόφοιτος λυκείου και αρκετά μορφωμένη, με δυνατή φωνή, είχε πάγκο στη λαϊκή αγορά, πουλούσε φρούτα και κέρδιζε τον κόσμο με την εξυπνάδα, το χαμόγελο και την ειλικρίνεια που είχε και φυσικά με το κόκκινο, φυσικό της, μαλλί! Αυτή τη δυναμικότητα και την εξυπνάδα ευτυχώς την κληρονόμησαν και τα παιδιά της.

Ένα πρωί, η κυρία Σοφία πήρε τηλέφωνο στο υπουργείο παιδείας και ζήτησε πληροφορίες για το σχολείο τους. Μέχρι να βρει κάποιον να ρωτήσει, να μάθει, είχε πάρει διακόσια τηλέφωνα. Τελικά ένας κύριος τη διαβεβαίωσε ότι το σχολείο τους θα μείνει κλειστό, γιατί έχει σοβαρές ελλείψεις σε θρανία και γραφική ύλη και δεν μπορούν να αντικατασταθούν λόγω κρίσης.

Η κυρία Σοφία δεν άντεξε και ξέσπασε:

-Μα, τι μου λέτε, είστε σοβαρός;
-Σας παρακαλώ, κυρία μου, πώς μου μιλάτε έτσι.
-Δεν ήθελα να σας προσβάλω, κύριε, αλλά πρέπει να μας καταλάβετε. Τι θ' απογίνουν τα παιδιά μας χωρίς μόρφωση; Επειδή είμαστε μακριά από τις μεγαλουπόλεις να μας ξεχάσετε εντελώς; Έχουμε περίπου εκατόν είκοσι παιδιά, τι θ' απογίνουν;
-Θα θίξω το θέμα σας σε κάποιον ανώτερο και βλέπουμε.
-Φέξε μου και γλίστρησα, σιγοψιθύρισε η κυρία Σοφία.
-Τι είπατε, κυρία μου, δε σας άκουσα.
-Τίποτα, ευχαριστώ, γεια σας...

Η κυρία Σοφία πήγε στη δουλειά της, στη λαϊκή, και καλούσε τους γονείς και τα παιδιά στην πλατεία για να δουν τι μπορούν να κάνουν με το θέμα του σχολείου.

Την ίδια μέρα, αργά το απόγευμα μαζεύτηκαν όλοι στην πλατεία και η κυρία Σοφία τους εξήγησε πως είχε η κατάσταση.

-Κάτι πρέπει να κάνουμε δε μπορούμε να τ' αφήσουμε έτσι, είπαν οι περισσότεροι, γιατί υπήρχαν και οι αδιάφοροι.

Τότε ακούστηκαν οι φωνές κάποιων παιδιών που δεν τους άρεσε και πολύ το διάβασμα:

-Γιούπιιι! Θα παίζουμε όλοι μέρα, θα βλέπουμε τηλεόραση!

Τότε πετάχτηκε ο Μίμης, ο γιος της κυρίας Σοφίας, και τους είπε:

-Παιδιά, μη κάνετε έτσι, θέλετε να χάσουμε το σχολείο μας, τις όμορφες γιορτούλες μας, τις γυμναστικές επιδείξεις μας, τους αγώνες ποδοσφαίρου και μπάσκετ, τις εκπαιδευτικές εκδρομές μας και όλα αυτά τα ωραία πράγματα που κάνουμε στο σχολείο μας;

Πετάχτηκε και η κόρη της κυρίας Σοφίας, η Νάνση:

-Όχι βέβαια παιδιά, το θέλουμε το σχολείο μας και ξεχάσαμε το πιο σημαντικό, πώς θα μάθουμε για όλα αυτά που συμβαίνουν γύρω μας; Δε θα μπορούμε να μιλάμε με τ' άλλα παιδιά από την πόλη, δε θα μας καλούν σε αγώνες και διαγωνισμούς γιατί δε θα γνωρίζουμε τίποτα!

Η Νάνση τους είχε ξεσηκώσει για τα καλά, είχε κι αυτό το μαλλί και τη φωνή της μάνας της.

-Θέλουμε ν' ανοίξει το σχολείο μααας! άρχιζαν να φωνάζουν όλοι.

-Σταματήστε, έχω μια ιδέα, είπε ο Μίμης.

-Τι ιδέα;

-Να γράψουμε ένα γράμμα στον υπουργό παιδείας. Τι λέτε;

-Ναι, ναι, συμφώνησαν όλοι.

Το γράμμα έλεγε: «Κύριε υπουργέ, πρέπει να βοηθήσετε ν' ανοίξει το σχολείο μας. Φροντίστε, σας παρακαλούμε, να στείλετε θρανία, γραφική ύλη, υπολογιστές και δασκάλους. Πώς θα μάθουμε γράμματα για να βοηθήσουμε τη χώρα μας, το βρίσκετε σωστό; Περιμένουμε την απάντησή σας».

Υπογραφή: "Το άδειο σχολείο".

Το πήγαν στο ταχυδρομείο και έγραψαν επάνω "επείγον".

Οι μέρες περνούσαν και απάντηση καμία. Τα παιδιά έκαναν πάλι συγκέντρωση στην πλατεία και ο Μίμης τους είπε:

-Λοιπόν, παιδιά, δεν μπορούμε να περιμένουμε άλλο, θα χάσουμε τη χρονιά μας, κάτι πρέπει να κάνουμε.

-Ναι, τι περιμένουμε, να πάμε να δείρουμε τον υπουργό, να του δώσουμε μερικές μπουνιές να συνέλθει, είπε ένας χοντρούλης μαθητής με ροδοκόκκινα φουσκωτά μάγουλα.

Άρχισαν να γελούν όλοι και να μιμούνται ότι δέρνουν τον υπουργό.

-Σταματήστε! Δεν είναι για γέλια. Έτσι θα δείξουμε στον υπουργό ότι είμαστε αγρίμια και δεν χρειαζόμαστε

Κάθε μέρα μαμά!

σχολείο. Έχω μια καλύτερη ιδέα, θέλετε να την ακούσετε; ρώτησε η Νάνση.

-Ναι,ναι,ναι! απάντησε ό ένας μετά τον άλλο.

-Ν' ανοίξουμε μόνοι μας το σχολείο και να το γεμίσουμε.

-Πώς θα γίνει αυτό; ρώτησαν όλοι.

-Είναι απλό. Εγώ για παράδειγμα θα πω στον μπαμπά μου που είναι επιπλοποιός να μας φτιάξει θρανία. Ο καθένας θα πει στον πατέρα του, ανάλογα με το επάγγελμά του, να κάνει κάτι για το σχολείο μας.

-Καταπληκτική ιδέα, μπράβο Νάνση!

Όλοι ενθουσιάστηκαν με την ιδέα της Νάνση και την ανακοίνωσαν στους γονείς τους και ευτυχώς ήταν όλοι πρόθυμοι να βοηθήσουν. Υπήρχε ποικιλία επαγγελμάτων: ξυλέμπορος, επιπλοποιός, ηλεκτρολόγος, υδραυλικός, διακοσμήτρια, μοδίστρα, ζωγράφος, φωτογράφος, ελαιοχρωματιστής, υπάλληλος βιβλιοπωλείου, υπάλληλος ηλεκτρικών ειδών, οικοδόμος, γιατρός κ.α.

Άρχισαν να δουλεύουν όλοι πυρετωδώς τα απογεύματα. Ο οικοδόμος έφτιαξε τους τοίχους που είχαν πρόβλημα, ο ελαιοχρωματιστής το έβαψε με ωραία χρώματα και ο ζωγράφος έκανε μια ωραία ζωγραφιά σε κάθε τάξη.

Η διακοσμήτρια διακόσμησε τις αίθουσες με τη βοήθεια των παιδιών, με κατασκευές που έκαναν μόνα τους.

Ο υδραυλικός έλεγξε τις τουαλέτες, τις βρύσες, τα καλοριφέρ και ο ηλεκτρολόγος τους διακόπτες και τις πρίζες.

Ο μπαμπάς του Μίμη και της Νάνση έφτιαξε θρανία και βιβλιοθήκες και έβαλαν όλοι χρήματα, όσα μπορούσε ο καθένας, και αγόρασαν γραφική ύλη και τρεις υπολογιστές, σε τιμές προσφοράς. Η μοδίστρα έραψε καινούργιες κουρτίνες για τα παράθυρα, οι μαμάδες περιποιήθηκαν τον κήπο στην αυλή και φύτεψαν ωραία λουλούδια και τα παιδιά έβαψαν τα κάγκελα και την πόρτα του σχολείου.

Σε μια βδομάδα το σχολείο ήταν αγνώριστο, ήταν το στολίδι της γειτονιάς.

Ο φωτογράφος μαζί με τον δάσκαλο το φωτογράφισαν και ανέβασαν τις φωτογραφίες στο ίντερνετ. Είχε γίνει τόσο όμορφο και ζηλευτό, που πολλοί δάσκαλοι είχαν δείξει ενδιαφέρον γι' αυτό το σχολείο και ρωτούσαν στο υπουργείο. Όλοι ήθελαν να εργαστούν σ' αυτό. Ο υπουργός επιτέλους ασχολήθηκε και πήγε ο ίδιος από κοντά να δει αυτό το σχολείο, που ήθελαν όλοι.

Όταν έφτασε εκεί, έμεινε άφωνος, έδωσε συγχαρητήρια σε όλους, μικρούς και μεγάλους και κάλεσε τους καλύτερους δασκάλους να εργαστούν εκεί. Η Νάνση κι ο Μίμης ευχαρίστησαν τον υπουργό και του ζήτησαν να εγκαινιάσει το νέο τους σχολείο. Ο υπουργός τους έκανε δώρο μια πινακίδα που κρέμασαν στο σχολείο και έλεγε: "ΠΡΟΤΥΠΟ – ΣΥΓΧΡΟΝΟ - ΝΕΟ ΣΧΟΛΕΙΟ" κι από κάτω σκαλισμένα σε μάρμαρο τα ονόματα όλων των δημιουργών.

Οργάνωσαν μια υπέροχη γιορτή στην αυλή του σχολείου για τα εγκαίνια και έτσι έγινε η έναρξη της νέας σχολικής χρονιάς και ήταν όλοι ευχαριστημένοι.

Με τη βοήθεια και τη συνεργασία όλων γίνονται θαύματα!

ΠΑΙΧΝΙΔΙΑ ΓΙΑ ΜΙΚΡΟΥΣ ΚΑΙ ΓΙΑ ΜΕΓΑΛΟΥΣ

ΝΑ ΜΗΝ ΠΕΣΟΥΝ ΚΑΤΩ ΤΑ ΜΠΑΛΟΝΙΑ:

Φουσκώνετε μερικά μπαλόνια και τα χτυπάτε προς τα πάνω, δεν πρέπει να σας ξεφύγουν και να ακουμπήσουν στο πάτωμα.

ΡΑΚΕΤΕΣ:

Παίξτε ρακέτες με μπαλόνι, φτιάξτε μόνοι σας ρακέτες με χάρτινα πιάτα μιας χρήσεως και ιατρικά ξυλάκια.

ΠΑΙΧΝΙΔΙ ΜΝΗΜΗΣ ΚΑΙ ΠΑΡΑΤΗΡΗΤΙΚΟΤΗΤΑΣ:

Πάρτε ποτηράκια μιας χρήσης, χάρτινα, τοποθετήστε τα ανάποδα σε ένα τραπέζι και κρύψτε κάτω από το κάθε ποτηράκι ένα αντικείμενο (ένα κοκαλάκι, μια καραμέλα, μία σβήστρα, ένα δαχτυλίδι κ.ά.) Σηκώστε για λίγα δευτερόλεπτα τα ποτηράκια και μετά προσπαθήστε να θυμηθείτε που ήταν κρυμμένα.

ΜΟΥΣΙΚΟΣ ΚΥΚΛΟΣ:

Τοποθετείτε ένα χούλα- χουπ στη μέση, στο πάτωμα. Βάζετε μουσική να παίζει και θα πρέπει μόλις τελειώνει το κάθε τραγούδι να μπαίνετε όλοι στον κύκλο του χούλα- χουπ. Όποιος αργεί ή δε χωράει χάνει.

ΦΥΣΩ ΜΑΚΡΙΑ:

Πάρτε όλοι από ένα καλαμάκι και καθίστε στο τραπέζι. Τοποθετείστε μπροστά από τα καλαμάκια σας από ένα βαμβάκι και φυσήξτε ταυτόχρονα. Όποιος το φυσήξει πιο μακριά κερδίζει.

ΠΑΝΤΟΜΙΜΑ:

Αναπαριστά κάποιος μια ενέργεια ή μιμείται κάποιον χωρίς να μιλά. Μόνο με κινήσεις των άκρων και του σώματος και οι υπόλοιποι προσπαθούν να το βρουν.

ΒΡΕΣ ΤΗ ΛΕΞΗ:

Βάζει ένας μια λέξη στο μυαλό του και λέει στους υπόλοιπους: Αρχίζει π.χ. από γ και τελειώνει σε α και είναι ζώο. Τι είναι; (Γάτα Είναι η σωστή απάντηση).

ΖΩΓΡΑΦΙΣΕ Ή ΒΑΨΕ ΓΡΗΓΟΡΑ:

Παίρνουν όλοι από ένα χαρτί και μπογιές ή μια τυπωμένη ζωγραφιά και αρχίζουν να ζωγραφίζουν ή να βάφουν μια ζωγραφιά ταυτόχρονα. Κερδίζει όποιος τελειώσει πρώτος.

ΜΠΟΟΥΛΙΝΓΚ:

Μαζέψτε μπουκαλάκια από νερό για κορίνες και με μια μπάλα προσπαθήστε να τα ρίξετε και να κάνετε strike.

ΝΤΥΣΟΥ ΓΡΗΓΟΡΑ:

Βάλτε σε ένα καλάθι διάφορα ρούχα, ζακέτες, μπλούζες, παντελόνια, κάλτσες και ξεκινήστε να ντύνεστε όλοι μαζί. Όποιος καταφέρει να φορέσει πιο πολλά ρούχα κερδίζει.

ΚΟΥΚΛΟΘΕΑΤΡΟ:

Φτιάξτε κούκλες με ξύλινες κουτάλες και κρεμάστε ένα ύφασμα στην πόρτα του παιδικού δωματίου, με ένα άνοιγμα ψηλά σα παράθυρο. Παίξτε διάφορες ιστορίες και σκέτs εναλλάξ (παίζουν οι γονείs και παρακολουθούν τα παιδιά και αντίθετα).

ΚΑΤΑΣΚΕΥΕΣ ΓΙΑ ΝΑ ΦΤΙΑΞΕΤΕ ΜΟΝΟΙ ΣΑΣ, ΧΩΡΙΣ ΚΟΣΤΟΣ

Κάθε μέρα μαμά!

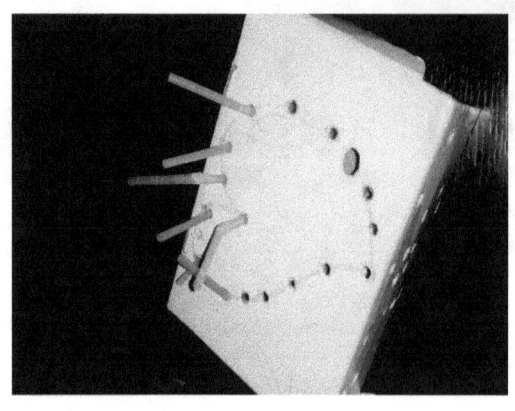

Ευαγγελία Τσιακίρη

Λίγα λόγια για τη συγγραφέα...

Ονομάζομαι Τσιακίρη Ευαγγελία. Γεννήθηκα στη Θεσσαλονίκη, όπου και διαμένω μόνιμα. Είμαι παντρεμένη και μητέρα δύο παιδιών. Σπούδασα βρεφονηπιοκομία και έχω παρακολουθήσει σεμινάρια παιδοψυχολογίας, ψυχολογικής υποστήριξης, διατροφής για παιδιά, πρώτων βοηθειών, τρόπων εκγύμνασης βρεφών και κουκλοθέατρου.

Έχω εργαστεί σε κλινικές στο τμήμα νεογέννητων, καθώς και σε παιδικούς σταθμούς, παιδότοπους και ως ψυχαγωγός σε παιδικές εκδηλώσεις. Τα τελευταία χρόνια απασχολούμαι με τη φύλαξη παιδιών από 3 μηνών έως 5 ετών.

Επίσης, ασχολούμαι με τη συγγραφή ηλεκτρονικού βιβλίου σε ότι αφορά το παιδί και όχι μόνο, αλλά και με τη συγγραφή διηγημάτων, παιδικών παραμυθιών (με συμμετοχές στην Ονειρούπολη Δράμας) και θεατρικών σκετς. Έγραψα αυτό το βιβλίο και δημιούργησα την αντίστοιχη ιστοσελίδα (http://www.kathe-mera-mama.gr) για να μοιραστώ μαζί σας όλες τις γνώσεις από την εμπειρία μου και να σας δώσω λύσεις και απαντήσεις στους προβληματισμούς σας, καθώς και ιδέες για νέες δραστηριότητες.

www.ingramcontent.com/pod-product-compliance
Lightning Source LLC
Chambersburg PA
CBHW071222090426
42736CB00014B/2931